―― 읽다 보면 문해력이 저절로 ――

그래서 이런 사자성어가 생겼대요

우리누리 글 | 송진욱 그림

들어가며

"민정이랑 나는 죽마고우여서 서로를 잘 안다."
"형은 임기응변으로 위기를 넘겼다."

위와 같은 말을 '사자성어'라고 해요. '사자'는 한자 네 글자로 이루어졌다는 뜻이고, '성어'는 옛사람들이 만든 말이라는 뜻이에요. 한마디로 사자성어는 옛날 사람들의 생각이나 마음을 네 글자로 간결하게 나타낸 말이지요.

죽마고우(竹馬故友)는 어릴 때부터 같이 놀며 자란 친한 친구라는 뜻이에요. 임기응변(臨機應變)은 그때그때 상황에 따라 알맞게 일을 처리한다는 뜻이고요. 이렇게 긴 뜻을 네 글자로 간단히 설명할 수 있다니, 참 편리하지요? 이처럼 사자성어를 잘 알면 긴 설명으로도 잘 표현되지 않는 마음이나 상황을 간결하고 명확하게 전달할 수 있어요. 길고 복잡한 설명은 듣는 사람에게 오해를 불러일으킬 때가 많은데, 사자성어를 사용하면 간단명료하고 원활한 의사소통을 할 수 있답니다.

그런데 사자성어에는 낯선 한자가 많이 사용되기 때문에 무작정 외우려고 하면 어렵고 헷갈려요. 또한 사자성어를 어설프게 알고 잘못 쓰면 오히려 의사소통이 더 어려워질 수도 있지요.
『그래서 이런 사자성어가 생겼대요』는 사자성어를 쉽고 재미있게 익힐 수 있도록 실생활에서 자주 쓰는 필수 사자성어를 흥미진진한 이야기와 함께 알려 줍니다.

먼저 산이와 솔이 가족의 유쾌한 네 칸 만화를 보면 어떤 상황에서 그런 사자성어를 쓰는지 머리에 쏙쏙 들어올 거예요. 그러고 나서 유래 이야기를 읽으면 사자성어가 어떻게 생겨났으며 지금은 어떤 뜻으로 사용되는지 자연스레 이해할 수 있어요. 이야기로 익히기 때문에 더 쉽게 외울 수 있고, 유래를 통해 옛날 동양의 역사·문화·철학까지 엿볼 수 있지요. 더불어 사자성어에 나오는 어려운 한자에도 익숙해져 어휘력과 문해력을 키우는 데 도움이 된답니다.

익숙하지 않은 사자성어가 처음에는 어려울 수 있어요. 그렇지만 '고진감래'의 마음으로 노력하면 어느새 실력이 '일취월장'한 자신을 발견하게 될 거예요.

자, 그럼 이제 재미있고 흥미진진한 사자성어의 세계로 함께 들어가 볼까요?

-우리누리

차례

들어가며 2

1장 세상의 이치와 지혜가 담긴 사자성어

- 고진감래 8
- 유비무환 10
- 선견지명 12
- 지피지기 14
- 일벌백계 16
- 전화위복 18
- 수주대토 20
- 낭중지추 22
- 타산지석 24
- 결자해지 26
- 사필귀정 28
- 과유불급 30
- 자승자박 32
- 호사다마 34
- 십시일반 36
- 노마지지 38
- 마부위침 40

2장 태도와 행동을 나타내는 사자성어

- 기고만장 44
- 양두구육 46
- 일취월장 48
- 노심초사 50
- 동문서답 52
- 초지일관 54
- 살신성인 56
- 조변석개 58
- 노발대발 60
- 중구난방 62
- 호시탐탐 64
- 임기응변 66
- 인면수심 68
- 호가호위 70
- 마이동풍 72
- 황당무계 74

3장 마음과 성격을 알려 주는 사자성어

- 인지상정 78
- 자격지심 80

학수고대 82
사리사욕 84
반신반의 86
오매불망 88
전전긍긍 90
막무가내 92
독불장군 94
혼비백산 96
망연자실 98
풍수지탄 100
백골난망 102

5장 알면 알수록 재미있는 사자성어

유언비어 128
천고마비 130
백해무익 132
점입가경 134
전대미문 136
풍비박산 138
사면초가 140
금의환향 142
문전성시 144
구사일생 146
십중팔구 148
오합지졸 150
구우일모 152
청천벽력 154
산전수전 156

찾아보기 158

4장 사람 사이의 관계를 나타내는 사자성어

수어지교 106
견원지간 108
난형난제 110
동고동락 112
청출어람 114
죽마고우 116
유유상종 118
이심전심 120
반포지효 122
순망치한 124

일러두기

- 사자성어의 뜻은 국립국어원 『표준국어대사전』을 주로 참고해 풀이했어요.
- 사자성어를 이루는 각각의 한자에는 여러 가지 뜻이 있어요. 한자의 뜻은 『표준국어대사전』과 「네이버 한자사전」을 주로 참고했으며, 유래와 관련한 대표 뜻을 우선해서 수록했어요.
- 사자성어의 유래는 오래전부터 전해 내려오는 이야기이기 때문에 자료마다 전해지는 내용이 조금씩 달라요. 더 궁금한 점은 맨 마지막 페이지의 참고 자료를 살펴보거나 직접 조사해 보세요.

1장 세상의 이치와 지혜가 담긴 사자성어

고진감래 苦盡甘來

고생 끝에 즐거움이 온다

- **고진감래**: 苦 쓸, 괴로울 고 | 盡 다할 진 | 甘 달 감 | 來 올 래
- 겉뜻 쓴 것이 다하면 단 것이 온다.
- 속뜻 고생 끝에 즐거움이 오는 것을 이르는 말.
- 예문 고진감래라더니 언니가 드디어 취업에 성공했다.
- 비슷한 속담: 고생 끝에 낙이 온다.

아주 먼 옛날, 신의 아들 환웅은 인간 세상 구경하는 걸 무척이나 좋아했어요.

"나는 인간 세상이 참으로 좋구나. 인간 세상이 더 평화로워지게 내가 직접 다스려야겠다."

환웅은 땅으로 내려와 사람들을 다스렸어요.

그러던 어느 날, 곰 한 마리와 호랑이 한 마리가 환웅을 찾아왔어요. 곰과 호랑이는 인간이 되고 싶다며 간절히 빌었어요.

그러자 환웅이 말했어요.

"백 일 동안 깊은 동굴 속에서 쑥과 마늘만 먹고 지내면 사람이 될 수 있느니라. 할 수 있겠느냐?"

"네, 물론입니다!"

곰과 호랑이는 곧장 동굴에 들어가 쑥과 마늘만 먹으며 하루하루를 보냈어요. 시간이 흐르자 호랑이는 점점 견디기가 힘들었어요.

"도저히 안 되겠다. 햇빛도 보지 못하고, 쑥과 마늘은 너무 쓰고 맵기만 해. 더는 못 견디겠어!"

결국 호랑이는 동굴 밖으로 뛰쳐나갔어요. 그러나 곰은 꾹 참고 견딘 끝에 어여쁜 여인이 되었어요.

"고진감래로구나! 드디어 그렇게나 바라던 인간이 됐어."

사람이 된 곰은 환웅과 결혼하여 행복하게 살았답니다.

쓸 고(苦), 다할 진(盡), 달 감(甘), 올 래(來) 자를 쓰는 '고진감래'는 쓴 것이 다하면 단 것이 온다는 뜻이에요. 힘든 시기를 잘 참고 견디면 즐거운 일이 온다는 의미로 사용한답니다.

유비무환 有備無患

미리 준비가 되어 있으면 걱정할 것이 없음

- 유비무환: 有 있을 유 | 備 갖출 비 | 無 없을 무 | 患 근심 환
- 뜻 미리 준비해 두면 나중에 걱정할 일이 없다.
- 예문 학교에서 배운 내용을 유비무환의 자세로 저녁마다 복습했다.

임진왜란이 일어나기 일 년 전쯤의 일이에요.

당시 조선의 왕 선조와 조정 대신들은 왜나라(옛 일본)와 전쟁이 일어나지 않을 거라고 태평하게 생각했어요. 그러나 바다를 지키는 수군의 대장이었던 이순신 장군은 생각이 달랐어요. 전쟁은 언제 일어날지 모르기 때문에 늘 대비해야 한다고 생각했지요.

"유비무환, 미리 준비하면 걱정거리가 없을 것이다! 군함을 정비하여 전쟁에 대비하라!"

이순신은 왜군의 배에 맞서기 위해 거대 전함인 '거북선'을 만들었어요. 갑판 위는 뾰족한 가시로 덮고, 배 앞부분에는 무시무시한 용머리 화포를 달았지요.

"장군! 드디어 거북선을 완성했습니다."

그런데 바로 이튿날, 거짓말처럼 왜군이 쳐들어왔지 뭐예요?

이순신은 거북선을 이끌고 바다로 나갔어요. 왜군은 거북선에 속수무책으로 당했어요.

"갑판 위가 덮여 있으니 조총을 쏴도 아무 소용이 없어!"

"뾰족한 가시 때문에 배에 올라탈 수도 없군. 이제 어떡하지?"

이처럼 유비무환의 자세로 전쟁을 대비한 이순신은 왜군과 치른 스물세 번의 전투에서 모두 이길 수 있었답니다.

있을 유(有), 갖출 비(備), 없을 무(無), 근심 환(患) 자를 쓰는 '유비무환'은 미리 준비하면 걱정할 일이 없다는 뜻의 사자성어예요.

선견지명 先見之明

앞을 내다보는 지혜

- **선견지명** : 先 먼저 **선** | 見 볼 **견** | 之 어조사 **지** | 明 밝을 **명**
- (뜻) 어떤 일이 일어나기 전에 미리 앞을 내다보고 아는 지혜.
- (예문) 시험에 어떤 문제가 나올지 다 맞히다니! 형은 선견지명이 있는 게 틀림없어.
- 비슷한 말 : 혜안(慧眼)
- (뜻) 사물을 꿰뚫어 보는 안목과 식견.

김일제는 본래 흉노족의 왕자였어요. 그런데 중국 한나라와 치른 전쟁에서 항복한 뒤, 한나라 궁궐에서 말을 돌보며 살게 되었지요.

"적국의 왕족이지만 저 아이는 아주 마음에 드는구나."

한나라 왕은 성실하고 충직한 김일제를 아꼈어요. 세월이 흘러 김일제가 아들을 낳자 그의 아들들도 무척 귀여워했지요. 그러나 김일제는 항상 자식들에게 행동을 조심하라고 강조했어요.

그런데 아들들이 어른이 되자 김일제가 걱정했던 일이 벌어지고 말았어요. 김일제의 첫째 아들이 왕의 후궁을 희롱한 거예요.

"그리 조심하라 일렀거늘! 너의 방자한 행동은 우리 집안에 큰 화를 부를 것이다. 앞으로의 일을 생각하면 너를 살려 둘 수가 없다."

김일제는 바로 그 자리에서 큰아들을 죽였어요.

왕은 이 소식을 듣고 처음에는 크게 화를 내며 슬퍼했어요. 그렇지만 김일제의 마음을 알았기에 벌을 내리지는 않았지요. 그리고 죽기 전에는 김일제에게 높은 관직까지 내렸어요.

이처럼 늘 앞을 내다보며 조심한 덕분에 김일제의 집안은 계속 이어질 수 있었답니다.

그 후, 사람들은 미리 앞을 내다보는 지혜를 일컬어 '선견지명'이라고 했어요. 먼저 선(先), 볼 견(見), 어조사 지(之), 밝을 명(明) 자를 쓰며, 앞날을 내다보고 미리 대처하는 지혜를 가리킬 때 사용하는 말이랍니다.

지피지기 知彼知己

적의 사정과 내 사정을 자세히 앎

- **지피지기** : 知 알 **지** | 彼 저 **피** | 知 알 **지** | 己 자기, 몸 **기**
- 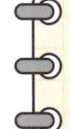 적의 사정과 내 사정을 자세히 알다.
- (예문) 지피지기의 전략을 세워 노력한 끝에 우승할 수 있었다.

중국 최고의 병법서 『손자병법』을 쓴 군사 전략가 손무의 이야기예요.

중국 춘추 전국 시대에 활동한 손무는 군사를 지휘하고 전쟁을 이끄는 데 뛰어난 재능이 있었어요. 손무가 통솔하는 군대는 전쟁에서 계속 승리하여 이웃 나라를 하나둘씩 통일해 나갔지요.

"적국을 상대로 매번 큰 승리를 거두시다니, 정말 대단하십니다! 대체 비결이 뭡니까?"

어느 날, 부하가 손무에게 물었어요.

"지피지기면 백전불태이니라. 수많은 전쟁을 거치며 깨달은 중요한 이치지."

"그게 무슨 뜻인지요?"

"알 지(知), 저 피(彼), 알 지(知), 자기 기(己), 일백 백(百), 싸울 전(戰), 아닐 불(不), 위태할 태(殆). 적군을 알고 아군을 알면 백 번을 싸워도 위태하지 않다는 뜻이다."

바로 이 말에서 '지피지기'라는 사자성어가 나왔어요. 승부를 겨룰 때나 경쟁이 벌어졌을 때는 적의 사정뿐 아니라 자기 사정도 제대로 파악해야 한다는 의미랍니다.

일벌백계 　一罰百戒

본보기로 한 사람을 엄하게 처벌함

- 일벌백계 : 一 하나 **일** | 罰 벌줄 **벌** | 百 일백 **백** | 戒 경계할 **계**

  (겉뜻) 한 사람을 벌주어 백 사람을 경계하다.
  (속뜻) 다른 사람에게 경각심을 주기 위해 본보기로 한 사람을 엄하게 처벌하는 일을 이르는 말.
  (예문) 선생님은 학교 폭력을 막기 위해 문제를 일으킨 학생을 일벌백계로 엄하게 처벌하겠다고 했다.

어느 날, 중국 오나라의 왕 합려는 손무가 지은 『손자병법』을 보았어요. 이 책에는 군사를 효과적으로 지휘하는 방법이 적혀 있었지요. 책에 흥미를 느낀 합려는 손무를 궁궐로 불렀어요.

"그대가 군대를 훈련하는 모습을 직접 보고 싶네. 혹시 여인들도 훈련할 수 있는가?"

"물론입니다. 여인들로도 강한 군대를 만들 수 있습니다."

이 말을 듣고 합려는 궁녀 백팔십 명을 훈련해 보라 명했어요.

손무는 궁녀들을 두 개 부대로 나누고, 왕이 아끼는 궁녀 두 명을 대장으로 삼았어요.

그런데 훈련은 제대로 진행되지 않았어요. 궁녀들은 손무가 지시해도 까르르 웃기만 할 뿐 명령을 제대로 따르지 않았지요. 그러자 손무가 칼을 들고 외쳤어요.

"명령이 분명한데도 이를 따르지 않는 것은 대장의 책임이다! 두 대장의 목을 베겠다!"

손무는 그대로 두 궁녀의 목을 베어 버렸어요. 그러고는 대장 두 명을 새로 뽑아 훈련을 다시 시작했지요. 그러자 아까와 달리 궁녀들은 한 치도 흐트러짐 없이 일사불란하게 움직였어요.

이때부터 다른 사람들에게 경각심을 불러일으키기 위해 본보기로 한 사람을 처벌하는 경우를 하나 일(一), 벌줄 벌(罰), 일백 백(百), 경계할 계(戒) 자를 써서 '일벌백계'라고 표현했답니다.

전화위복 轉禍爲福

재앙이 바뀌어 오히려 복이 됨

● **전화위복**: 轉 구를 **전** | 禍 재앙 **화** | 爲 할 **위** | 福 복 **복**

뜻) 재앙과 근심, 걱정이 바뀌어 오히려 복이 되다.
예문) 삼촌은 첫 사업의 실패를 **전화위복**의 계기로 삼아 부자가 되었다.

어느 날, 소금 장수가 고개를 넘다가 집채만 한 호랑이를 만났어요. 배가 고팠던 호랑이는 소금 장수를 한입에 꿀꺽 삼켰어요. 소금 장수는 커다란 동굴 같은 호랑이 배 속으로 떨어지고 말았지요.

그런데 그곳에는 소금 장수 말고도 다른 사람들이 있었어요. 바로 대장장이와 숯장수였어요.

세 사람은 탈출할 방법을 궁리했지만 뾰족한 수를 찾을 수 없었어요. 그때, 소금 장수가 벌떡 일어났어요.

"안 되겠소. 우선 배부터 채웁시다! 대장장이는 칼로 호랑이 고기를 썰어 주시고, 숯장수는 불을 준비해 주시오."

그렇게 해서 세 사람은 호랑이 고기를 맛있게 구워 먹었어요.

한편, 호랑이는 배가 점점 뜨거워지자 야단법석을 떨었어요.

"아이고, 배가 너무 아프구나! 변을 봐야겠다!"

호랑이가 아랫배에 힘을 주자 세 사람이 똥구멍으로 쏙 빠져나왔어요. 세 사람은 밖으로 나왔다는 사실을 알고 만세를 불렀지요. 그러나 호랑이는 여전히 배 속에서 활활 타오르는 불 때문에 이리저리 굴렀어요.

"아이고, 나 죽네!"

드디어 호랑이는 죽었고, 세 사람은 호랑이 고기와 가죽을 팔아 부자가 되었답니다.

"호랑이에게 먹힌 덕분에 부자가 되다니, 전화위복이로구먼!"

'전화위복'은 재앙이나 근심이 바뀌어 복이 된다는 뜻이에요. 구를 전(轉), 재앙 화(禍), 할 위(爲), 복 복(福) 자를 쓰지요.

수주대토 守株待兔

한 가지 일에만 얽매여 발전을 모르는 어리석은 사람

- **수주대토**: 守 지킬 수 | 株 그루 주 | 待 기다릴 대 | 兔 토끼 토
- **겉뜻** 그루터기를 지켜보며 토끼를 기다림.
- **속뜻** 한 가지 일에만 얽매여 발전을 모르는 어리석은 사람을 비유하는 말.
- **예문** 수주대토만 하기보다는 여러 방면으로 노력해야 좋은 결과가 나온다.
- **비슷한 속담**: 감나무 밑에 누워서 홍시 떨어지기를 기다린다.

중국 송나라에 살던 어느 농부가 밭을 갈고 있을 때였어요. 어디서 토끼 한 마리가 쏜살같이 달려오더니 밭 한가운데에 있는 그루터기를 들이받고는 그 자리에서 죽었어요.

"손 하나 대지 않고 토끼를 잡다니!"

농부는 죽은 토끼를 들고 신나게 집으로 돌아왔어요.

"가만있자, 숲속에는 토끼가 엄청 많잖아? 가만히 기다리다 보면 토끼들이 달려오다 저 그루터기에 또 부딪힐 테니, 굳이 힘들여 농사지을 필요가 없겠군. 하하하."

그날부터 농부는 밭도 갈지 않고 온종일 나무 그루터기만 지켜보았어요. 그런데 며칠이 지나도 그루터기에 부딪혀 죽는 토끼는 더 이상 없었지요.

그러자 마을 사람들이 농부를 보며 혀를 찼어요.

"쯧쯧, 저런 어리석은 사람을 봤나! 가만히 토끼만 기다리는 사이에 자기 밭이 엉망이 된 것도 모르고 말이야."

농부는 이렇게 사람들의 비웃음거리가 되고 말았답니다.

지킬 수(守), 그루 주(株), 기다릴 대(待), 토끼 토(兔) 자를 쓰는 '수주대토'는 바로 이 이야기에서 유래했어요. 그루터기를 지켜보며 토끼를 기다린다는 뜻으로, 한 가지 일에 얽매여 발전을 모르는 어리석은 사람을 일컬을 때 사용해요. 노력하지 않고 우연한 행운을 바라는 마음이나, 되지 않을 일을 고집하는 어리석음을 비유할 때 쓰기도 한답니다.

낭중지추

囊中之錐

재능이 뛰어난 사람은 숨어 있어도 저절로 알려짐

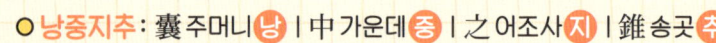

- **낭중지추** : 囊 주머니 낭 | 中 가운데 중 | 之 어조사 지 | 錐 송곳 추
- 겉뜻 주머니 속의 송곳.
- 속뜻 재능이 뛰어난 사람은 숨어 있어도 저절로 사람들에게 알려짐을 이르는 말.
- 예문 그의 예술적인 재능은 **낭중지추**처럼 눈에 띄었다.

어느 날, 중국 조나라는 진나라의 공격을 받았어요. 조나라 왕은 재상인 평원군을 이웃 나라로 보내 구원병을 요청하기로 했어요. 평원군은 부하들 가운데 특별히 뛰어난 자 스무 명을 뽑아 수행원으로 삼으려 했지요. 그런데 열아홉 명을 뽑고 나니 더는 뽑을 사람이 없었어요.

그때, 모수라는 사람이 나섰어요.

"저를 데려가 주십시오. 분명 큰 도움이 될 것입니다."

평원군은 낯선 얼굴에 고개를 갸웃했어요.

"자네가 내 밑에서 지낸 지 몇 년이나 됐지?"

"이제 삼 년째입니다."

"재능이 뛰어난 자는 주머니 속에 넣은 송곳 끝이 밖으로 튀어나오듯 남의 눈에 저절로 띄게 마련일세. 그러나 나는 지금껏 자네 이야기를 들은 적이 없으니, 자네에겐 이렇다 할 재능이 없나 보군."

"그건 제가 주머니 속에 들어간 적이 없기 때문입니다. 만약 저를 조금 더 일찍 주머니에 넣으셨다면 송곳 자루까지 밖으로 나왔을 것입니다."

이 말을 듣고 평원군은 모수를 마지막 수행원으로 뽑았어요. 과연 모수는 크게 활약하며 조나라를 위기에서 구했답니다.

그 뒤로 주머니 속의 송곳처럼 재능이 뛰어나서 숨어 있어도 저절로 사람들에게 알려지는 것을 '낭중지추'라고 해요. 주머니 낭(囊), 가운데 중(中), 어조사 지(之), 송곳 추(錐) 자를 쓰지요.

타산지석 他山之石

남의 하찮은 말이나 행동도 자신을 수양하는 데 도움이 될 수 있음

- **타산지석**: 他 다를 **타** | 山 메 **산** | 之 어조사 **지** | 石 돌 **석**
- (뜻) 다른 산의 나쁜 돌이라도 자기 산의 옥돌을 가는 데 쓸모가 있다는 뜻으로, 남의 하찮은 말이나 행동도 자신을 수양하는 데 도움이 될 수 있음을 비유하는 말.
- (예문) 다른 선수의 실수를 타산지석으로 삼아 금메달을 딸 수 있었다.
- **비슷한 사자성어**: 반면교사(反面敎師)
- (뜻) 어떤 사람이나 사물의 부정적인 면에서 깨달음이나 가르침을 얻다.

어느 마을에 공부를 좋아하는 선비가 살았어요. 하루는 선비가 책을 덮으며 중얼거렸어요.

"책으로는 배울 수 없는 것을 배우고 싶어."

선비는 곧장 집을 나섰어요. 그러고는 죄인들을 가두는 포도청 앞에 멈춰 선 뒤, 달이 뜰 때까지 근처를 어슬렁거렸어요.

"책 읽느라 집 밖으로 거의 나오지 않던 양반이 무슨 일이지?"

마을 사람들은 선비를 힐끔거렸어요. 그날 이후에도 선비는 매일매일 포도청을 지켜보았어요. 궁금함을 참지 못한 친구가 선비에게 이유를 물어보자 선비가 대답했어요.

"포도청을 보며 배우는 중이라네."

"죄인들만 있는 곳에서 대체 뭘 배운다는 말인가?"

"타산지석이라고 하지 않나. 저들을 통해서도 깨달은 것이 많다네. 예를 들면 부정부패를 저지르다 잡혀 온 관리들을 보며 혹시 내가 탐욕에 빠져 있지 않은지 돌아볼 수 있었다네."

다를 타(他), 메 산(山), 어조사 지(之), 돌 석(石) 자를 쓰는 '타산지석'은 다른 산의 거친 돌이라도 자기 산의 옥돌을 가는 데 쓸모가 있다는 뜻이랍니다. 여기서 거친 돌은 소인배를 말하고, 옥돌은 성품이 훌륭한 군자를 가리켜요. 그러니까 소인배의 좋지 않은 말이나 행동도 군자의 성품을 닦아 기르는 데 도움이 된다는 뜻이지요.

결자해지 結者解之

자기가 저지른 일은 자기가 해결해야 함

- **결자해지**: 結 맺을 **결** | 者 놈 **자** | 解 풀 **해** | 之 어조사 **지**
- (겉뜻) 묶은 사람이 풀어야 한다.
- (속뜻) 자기가 저지른 일은 자기가 해결해야 함을 이르는 말.
- (예문) 이 일은 제가 시작했으니, **결자해지**로 제가 마무리하겠습니다.

복동이가 징검다리에 놓인 바윗돌 하나를 살피고 있었어요.

"어젯밤 큰비에 떠내려온 바윗돌인가? 징검다리의 돌 간격이 넓어서 불편했는데 마침 잘됐군!"

그때, 지나가던 마을 아낙들이 복동이에게 말을 걸었어요.

"네가 징검다리에 이 바윗돌을 놓았니? 힘이 아주 장사구나!"

"하하……, 네. 이 정도야 식은 죽 먹기죠."

칭찬에 기분 좋아진 복동이는 그만 거짓말을 하고 말았어요.

이 소문은 금세 마을 전체에 퍼졌어요. 사람들은 복동이를 만날 때마다 힘이 장사라며 칭찬했지요. 그럴 때마다 복동이는 그저 웃으면서 적당히 받아넘겼어요.

그러던 어느 날, 마을 사람들이 복동이를 찾아왔어요.

"올해 씨름 대회에는 자네가 우리 마을 대표로 나가 주게나!"

복동이는 가슴이 철렁 내려앉았어요. 그날부터 몇 날 며칠을 끙끙 앓던 복동이는 어머니를 붙잡고 부탁했어요.

"어머니, 씨름 대회 당일에 제가 아파서 대회에 나갈 수 없다고 둘러대 주시면 안 될까요?"

"안 된다. 네가 시작한 일이니 네가 결자해지하거라. 지금이라도 마을 사람들에게 사실대로 말하렴."

결국 복동이는 사람들에게 진실을 밝히며 자기가 벌인 일을 스스로 해결해야 했답니다.

'결자해지'는 묶은 사람이 풀어야 한다는 뜻이에요. 맺을 결(結), 놈 자(者), 풀 해(解), 어조사 지(之) 자를 써서 사기가 서지른 일은 스스로 해결해야 함을 이르는 말이지요.

사필귀정 事必歸正

모든 일은 반드시 바른길로 돌아감

- 사필귀정 : 事 일 **사** | 必 반드시 **필** | 歸 돌아올 **귀** | 正 바를 **정**

뜻 모든 일은 반드시 바른길로 돌아간다.
예문 폭정을 일삼던 사또가 큰 벌을 받자 사람들은 사필귀정이라고 입을 모았다.

먼 옛날, 마음씨 착한 나무꾼이 고개를 넘다가 구덩이에 빠진 호랑이를 발견했어요.

"나무꾼님, 살려 주세요! 은혜는 꼭 갚겠습니다!"

나무꾼은 호랑이를 도와주었어요. 그런데 호랑이는 구덩이에서 빠져나오자마자 나무꾼을 잡아먹으려고 달려들었어요.

"아니, 은혜를 갚겠다더니 이게 무슨 짓이냐?"

"어흥! 인간인 너한테 내가 왜 은혜를 갚아야 하지?"

나무꾼은 그럼 누구 말이 옳은지 재판을 열자고 했어요. 나무꾼은 마침 지나가던 여우를 붙잡고 물어보았어요.

그러자 여우는 대답 대신 호랑이에게 부탁을 하나 했어요.

"이야기만 듣고는 당시 사정을 정확히 알 수가 없으니, 그때 어떤 상황이었는지 직접 보여 주실 수 있나요? 호랑이님, 다시 구덩이에 들어가 주시겠어요?"

"알았다. 글쎄 내가 길을 가다 이 구덩이에 빠졌는데……"

호랑이가 냉큼 구덩이 속으로 다시 들어가자 여우가 나무꾼에게 말했어요.

"나무꾼님, 이제 얼른 집으로 가세요. 사필귀정이라고, 잘못을 저질렀으면 벌을 받아야 마땅하지요."

'사필귀정'은 일 사(事), 반드시 필(必), 돌아올 귀(歸), 바를 정(正) 자를 쓰며, 모든 일은 반드시 바른길로 돌아간다는 뜻이에요. 올바르지 않은 일이 판치는 것 같아도, 결국에는 바른 것이 이기게 되어 있다는 뜻이 담겼답니다.

과유불급 過猶不及

정도를 지나침은 부족한 것과 같음

- **과유불급** : 過 지날 **과** | 猶 오히려, 원숭이 **유** | 不 아닐 **불** | 及 미칠 **급**
- **뜻** 지나친 것은 미치지 못한 것과 같다.
- **예문** 운동을 열심히 하는 것도 좋지만, 너무 무리하면 **과유불급**으로 탈이 난다.
- **비슷한 사자성어**: 교각살우(矯角殺牛)
- **뜻** 소의 뿔을 바로잡으려다가 소를 죽인다는 뜻으로, 잘못된 점을 고치려다가 방법이나 정도가 지나쳐 오히려 일을 망침을 이르는 말.

오늘은 곱단이가 시집가는 날이에요.

신부의 단장을 도와주는 수모가 곱단이에게 말했어요.

"아유, 신부가 참 예쁘네. 지금 이대로도 곱지만 내가 더 곱게 만들어 주겠소."

얼굴에 분을 바르고 눈썹을 그리고 입술을 붉게 칠하자 곱단이 얼굴이 화사해졌어요. 수모는 곱단이의 두 뺨에 연지를 찍고 이마에 곤지를 찍어 화장을 마무리했어요. 구경하던 아낙들은 곱단이를 보고 참으로 곱다며 감탄했지요.

"어때, 신부도 마음에 드시오?"

곱단이는 손거울에 얼굴을 비춰 보았어요. 그런데 곱단이는 마음에 들지 않았나 봐요.

"조금 더 진하게 해 주시면 안 될까요?"

수모는 오히려 이상해질 수 있다며 말렸지만 곱단이는 고집을 꺾지 않았어요. 그래서 곱단이 말대로 얼굴은 더 하얗게, 눈썹과 입술은 더 진하게 칠해 주었지요.

이 모습을 보고 동네 아낙들이 눈을 휘둥그렇게 뜨며 말했어요.

"아이고, 눈썹과 입술만 둥둥 뜨는 게 영락없는 각시탈이네!"

"쯧쯧, 과유불급이구먼!"

'과유불급'은 지나친 것은 미치지 못한 것과 같다는 뜻이에요. 지날 과(過), 오히려 유(猶), 아닐 불(不), 미칠 급(及) 자를 쓰지요. 이 말을 처음 한 사람은 공자인데, 지나치거나 모자라지 않고 한쪽으로 치우치지 않는 상태가 가장 좋다는 뜻으로 썼답니다.

자승자박

自繩自縛

자기가 한 말과 행동에 자기 자신이 얽매임

- **자승자박**: 自 스스로 **자** | 繩 줄 **승** | 自 스스로 **자** | 縛 묶을 **박**
- (겉뜻) 자기 줄로 자기 몸을 묶다.
- (속뜻) 자기가 한 말과 행동에 자기 자신이 얽매여 곤란한 처지에 놓이는 것을 비유적으로 이르는 말.
- (예문) 그는 거짓말을 일삼다가 벌을 받았으니 자승자박이다.

중국 한나라에 원섭이라는 귀족이 살고 있었어요. 어느 날, 원섭이 노비에게 심부름을 시켰어요.

"시장에 가서 고기 좀 사 오너라."

"예. 알겠습니다요, 나리."

그런데 시장에 간 노비가 고기를 파는 백정과 싸움이 붙었어요. 사소한 말다툼이 거친 주먹다짐으로 번졌는데, 결국 백정이 노비에게 맞아 목숨을 잃고 말았지 뭐예요.

이 사건은 곧 고위 관료인 태수 윤공의 귀에까지 들어갔어요.

"노비가 사람을 죽이다니! 이것은 주인이 노비를 제대로 단속하지 못해 생긴 일이니, 주인인 원섭을 죽여 일을 바로잡겠다."

그러자 부하가 윤공을 말렸어요. 이 일로 귀족인 원섭을 죽이면 윤공의 평판이 낮아질 수 있기 때문이었지요. 대신에 부하는 아주 좋은 대안을 내놓았어요.

"원섭에게 웃옷을 벗고 줄로 스스로를 묶으라고 하십시오. 그리고 법정에 가서 노비를 관리하지 못한 잘못을 빌게 하십시오. 그러면 태수님의 위엄을 지키실 수 있을 것입니다."

그 뒤, 항복하는 표시로 자기 몸을 묶고 용서를 구하는 것을 스스로 자(自), 줄 승(繩), 스스로 자(自), 묶을 박(縛) 자를 써서 '자승자박'이라고 했어요. 오늘날에는 그 의미가 바뀌어 자신의 말과 행동 때문에 곤란한 상황에 빠졌을 때 사용하는 말이 되었답니다.

호사다마 好事多魔

좋은 일에는 흔히 방해되는 일이 많음

● **호사다마**: 好 좋을 **호** | 事 일 **사** | 多 많을 **다** | 魔 마귀 **마**

(뜻) 좋은 일에는 흔히 방해되는 일이 많음. 또는 그런 일이 많이 생김.
(예문) 호사다마라더니, 자동차를 새로 사자마자 교통사고가 났지 뭐야.

오늘은 만득이의 누나가 혼인식을 올리는 날이에요.

기쁘고 즐거운 날인데 어찌 된 일인지 사람들은 걱정스러운 표정으로 만득이 엄마를 바라보고 있었어요. 하필 오늘처럼 경사로운 날에 만득이 엄마가 댓돌에서 미끄러져 크게 다쳤거든요.

"색시 엄마가 다쳤으니 이를 어째!"

"다친 사람이 색시가 아니어서 그나마 다행이구먼."

그러나 이게 끝이 아니었어요.

"큰일 났어요! 신랑이 타고 오던 말이 갑자기 날뛰는 바람에 신랑이 말에서 떨어졌대요."

잠시 뒤, 신랑이 절뚝거리며 나타났어요.

"걸을 수 있는 걸 보니 다행히 크게 다치진 않았나 봐."

"그러게. 그런데 하필 경삿날에 왜 이런 일이 일어나는지, 원."

"호사다마라고 하잖아. 좋은 일에는 탈이 많은 법이지."

<u>좋은 일이 있을 때는 어찌 된 까닭인지 예상치 못한 불행이나 문제가 생기는 경우가 많아요. 이를 좋을 호(好), 일 사(事), 많을 다(多), 마귀 마(魔) 자를 써서 '호사다마'라고 해요. 좋은 일에는 방해되는 것이 많다는 뜻으로, 좋은 일을 앞두고 있을 때나 그 일을 이루는 데는 이런저런 풍파가 따른다는 말이에요.</u>

십시일반 　十匙一飯

여러 사람이 조금씩 힘을 모으면 한 사람을 돕기 쉬움

- **십시일반**: 十 열 **십** | 匙 숟가락 **시** | 一 하나 **일** | 飯 밥 **반**
  - (겉뜻) 밥 열 술이 한 그릇이 된다.
  - (속뜻) 여러 사람이 조금씩 힘을 모으면 한 사람을 돕기 쉽다.
  - (예문) 다친 길고양이를 돕기 위해 아이들은 **십시일반**으로 치료비를 모았다.

"스님, 큰일 났습니다."

어느 날, 저녁 공양 시간을 앞두고 동자 스님이 걱정스러운 표정으로 큰스님에게 달려왔어요. 절에서는 음식을 먹는 일을 공양이라고 해요.

"공양 준비를 이미 마쳤는데, 갑자기 손님 한 분이 오셨어요. 절 식구 수에 딱 맞게 밥을 해서 밥이 모자라는데 어떡하죠?"

그러자 큰스님은 빙그레 웃으며 말했어요.

"걱정 말거라. 설마 너를 굶기겠느냐, 허허."

동자 스님의 걱정을 뒤로한 채 곧 공양이 시작되었어요.

스님들은 저마다 자기 밥그릇에서 밥을 한 숟갈씩 덜어 냈어요. 그랬더니 어느새 밥 한 그릇이 뚝딱 채워졌지 뭐예요.

큰스님이 동자 스님에게 말했어요.

"알겠느냐? 이렇게 모두 십시일반으로 모으면 한 사람 몫이 되는 법이란다."

이처럼 여러 사람이 조금씩 힘을 모아 한 사람을 돕는 일을 '십시일반'이라고 해요. 열 십(十), 숟가락 시(匙), 하나 일(一), 밥 반(飯) 자를 쓰며, 밥 열 숟가락이 모이면 한 그릇이 된다는 뜻이에요.

십시일반은 힘든 일이 있을 때 서로 도우며 살아온 우리 민족의 따뜻한 마음이 담긴 사자성어랍니다.

노마지지 老馬之智

아무리 하찮은 것이라도 저마다 장점이 있음

- **노마지지**: 老 늙을 노 | 馬 말 마 | 之 어조사 지 | 智 지혜 지

- (겉뜻) 늙은 말의 지혜.
- (속뜻) 아무리 하찮은 것이라도 저마다 장점이나 지혜가 있음을 이르는 말.
- (예문) 노마지지의 교훈을 살려 경험 많은 사람도 등용해야 한다.

- (비슷한 속담) 팔십 노인도 세 살 아이에게 배울 게 있다.

중국 제나라의 왕 환공이 이웃 나라를 정벌하고 궁궐로 돌아갈 때였어요. 전쟁을 시작할 때는 봄이었는데, 계절이 바뀌어 어느새 겨울이 됐지요. 날씨가 추워 지름길을 찾아 헤매던 환공의 군대는 그만 길을 잃고 말았어요.

"사방이 돌과 나무로 막혔군. 이를 어찌하면 좋겠는가."

환공이 근심 어린 얼굴로 묻자 한 신하가 나섰어요.

"전하, 늙은 말의 지혜를 빌려 보면 어떻겠습니까?"

신하는 가장 늙고 볼품없는 말을 풀어 주었어요. 늙은 말은 이곳저곳 살피더니 천천히 길을 찾아가기 시작했어요.

"말이 큰길을 찾아냈습니다! 이쪽으로 가면 제나라가 나올 것입니다."

병사들은 함성을 지르며 늙은 말을 뒤따랐어요.

그런데 한참 가다 보니 이번에는 마실 물이 모두 얼어 버렸지 뭐예요. 그러자 이번에는 다른 신하가 나섰어요.

"개미는 겨울에 따뜻한 곳을 찾아 집을 짓고 삽니다. 개미집을 찾아 땅속을 파면 얼지 않은 물이 나올 겁니다."

그리하여 병사들이 개미집을 찾아 땅을 깊게 파내자 과연 그 신하의 말처럼 얼지 않은 물이 솟아났어요. 병사들은 덕분에 목을 축일 수 있었지요.

늙을 노(老), 말 마(馬), 어조사 지(之), 지혜 지(智) 자를 쓰는 '노마지지'는 바로 이 이야기에서 나온 말이에요. 늙은 말도 지혜가 있는 것처럼, 아무리 하찮아 보이는 것이라도 저마다 장점이니 지혜가 있다는 뜻이랍니다.

마부위침 磨斧爲針

어려운 일도 꾸준히 노력하면 반드시 이룰 수 있음

- **마부위침**: 磨 갈 **마** | 斧 도끼 **부** | 爲 할 **위** | 針 바늘 **침**
- **겉뜻** 도끼를 갈아 바늘을 만들다.
- **속뜻** 아무리 어려운 일이라도 끊임없이 노력하면 반드시 이룰 수 있음을 이르는 말.
- **예문** 마부위침 정신으로 열심히 연습해서 마라톤을 완주할 수 있었다.
- **비슷한 사자성어**: 우공이산(愚公移山)
- **뜻** 우공이 산을 옮긴다는 뜻으로, 어떤 일이든 열심히 노력하면 반드시 이루어짐을 이르는 말.

어느 절의 큰스님이 한 젊은 스님과 이야기를 나누었어요.

"요즘 자네 안색이 통 좋지 않군. 무슨 고민이라도 있는가."

"매일 열심히 수행하고는 있지만, 제가 과연 깨달음을 얻을 수 있을지 모르겠습니다."

그러자 큰스님은 젊은 스님을 창고로 데려가 커다란 맷돌 하나를 보여 주었어요.

"이것은 맷돌 아닙니까?"

"맞네. 자, 그럼 이번에는 부엌으로 가 보세."

부엌에는 작은 맷돌이 놓여 있었어요.

"이건 창고에 있는 맷돌보다 훨씬 작지만, 두 맷돌은 본래 크기가 똑같았다네."

"네? 그렇게 커다랗던 맷돌이 이렇게 작아졌다고요?"

"그래. 이 맷돌만 자꾸 썼더니 어느새 이처럼 작아졌지."

그제야 젊은 스님은 큰스님의 말씀이 무슨 뜻인지 깨달았어요. 커다란 맷돌이 작아진 것처럼, 꾸준히 노력하면 불가능해 보이는 일도 언젠가는 이룰 수 있다는 뜻이었지요.

이처럼 아무리 어려운 일도 끊임없이 노력하면 반드시 이룰 수 있다는 것을 일컬을 때 '마부위침'이라는 사자성어를 사용해요. 갈 마(磨), 도끼 부(斧), 할 위(爲), 바늘 침(針) 자를 쓰며, 도끼를 갈아서 바늘을 만든다는 뜻이에요.

2장 태도와 행동을 나타내는 사자성어

기고만장 氣高萬丈

일이 잘될 때 우쭐하며 뽐내는 기세가 대단함

- **기고만장**: 氣 기운 **기** | 高 높을 **고** | 萬 일만 **만** | 丈 길이, 어른 **장**
- (겉뜻) 기운이 만 장에 이를 만큼 치솟음.
- (속뜻) ① 펄펄 뛸 만큼 몹시 성이 남.
  ② 일이 뜻대로 잘될 때, 우쭐하며 뽐내는 기세가 대단함.
- (예문) 저 배우는 유명해진 뒤로 기고만장하게 군다는 소문이 돈다.

어느 날, 박 대감이 높은 벼슬 자리에 올랐어요. 고위 관리가 되자 박 대감은 예전과 달리 으리으리한 가마를 타고 다녔어요.

"물렀거라! 박 대감님 행차시다!"

박 대감이 가마를 타고 갈 때면 하인들은 벽제 소리를 외쳤어요. 벽제 소리는 높은 사람이 행차할 때 사람들이 앞으로 지나다니지 못하게 막는 소리예요.

"급한 일이 있어 그러는데 후딱 지나가면 안 되겠소?"

만약 누가 가마 앞을 지나가려고 하면 박 대감의 하인들은 눈을 치켜뜨며 말했어요.

"감히 대감님 앞에서 그런 무례한 행동을 하겠다는 게냐? 네 이놈, 썩 물렀거라!"

하인들의 행동에 사람들은 눈살을 찌푸렸어요.

"쳇! 박 대감의 위세가 대단하니 그 아래 하인들까지 기고만장이구먼."

기운 기(氣), 높을 고(高), 일만 만(萬), 길이 장(丈) 자를 쓰는 '기고만장'은 한자 그대로 해석하면 기운이 만 장 높이만큼 뻗었다는 뜻이에요. 여기서 '장'은 옛날에 길이를 잴 때 쓰던 단위인데, 한 장은 약 3미터예요. 따라서 만 장은 30킬로미터쯤 되지요. 기고만장은 이처럼 기세가 아주 높이 올라 의기양양해서 뽐내는 모습을 나타낼 때 사용하는 말이랍니다.

양두구육

羊頭狗肉

겉보기만 그럴듯하게 보이고 속은 변변하지 않음

- **양두구육**: 羊 양 **양** | 頭 머리 **두** | 狗 개 **구** | 肉 고기 **육**
- (겉뜻) 양의 머리를 걸어 놓고 개고기를 판다.
- (속뜻) 겉으로는 그럴듯해 보이지만 속은 변변치 않음을 이르는 말.
- (예문) 이 식당은 간판만 번듯하고 음식 맛은 영 별로인 게 완전히 양두구육이다.

중국 제나라 왕에게는 특이한 취미가 있었어요. 바로 후궁들과 궁녀들에게 남자 옷을 입히는 것이었지요. 왕의 취미가 궁궐 밖까지 알려지자 백성들 사이에서도 남장이 점점 유행했어요. 어느새 남장을 한 여인이 셀 수 없을 만큼 많아지자 왕은 백성들의 남장을 금지했어요.

"대궐 밖 백성들에게 알리노라. 앞으로 남장을 한 여인에게는 벌을 내릴 것이다!"

그러나 백성들은 계속 남장을 했어요. 왕은 도통 그 이유를 알 수 없었지요. 그러자 한 신하가 말했어요.

"어찌하여 궁 안에서는 남장을 허락하시면서 궁 밖에서는 금지하십니까. 이는 마치 문에는 소머리를 걸어 두고 안에서는 말고기를 파는 것과 같습니다. 궁 안에서도 남장을 금지한다면 궁 밖의 백성들도 남장을 멈출 것입니다."

이 말을 듣고 왕은 궁중에서도 남장을 금지했어요. 그랬더니 과연 얼마 지나지 않아 백성들도 남장을 그만두었답니다.

이 이야기는 시간이 흐르면서 소머리는 양 머리로, 말고기는 개고기로 바뀌었는데, 이게 바로 '양두구육'의 유래예요. 양 양(羊), 머리 두(頭), 개 구(狗), 고기 육(肉) 자를 쓰는 '양두구육'은 양의 머리를 걸어 놓고 개고기를 판다는 뜻이에요. 지금은 겉으로만 그럴싸해 보이고 속은 형편없을 때 겉과 속이 다른 모습을 꼬집는 말로 사용한답니다.

일취월장 日就月將

나날이 발전함

- **일취월장**: 日 날 **일** | 就 나아갈 **취** | 月 달 **월** | 將 나아갈, 장수 **장**

(뜻) 나날이 다달이 자라거나 발전함.

(예문) 오빠가 굳게 마음먹고 운동에 전념하니 일취월장이었다.

비슷한 사자성어: 괄목상대(刮目相對)

(뜻) 눈을 비비고 상대편을 본다는 뜻으로, 남의 학식이나 재주가 놀랄 만큼 부쩍 늘어난 것을 이르는 말.

옛날 고구려에 평강이라는 공주가 살았어요. 평강은 못 말리는 울보였는데, 평강이 울 때마다 왕은 이렇게 말했어요.

"자꾸 울면 바보 온달에게 시집보낼 것이다. 가난하고 멍청한 온달에게 시집가고 싶지 않다면 그만 뚝 그치거라."

어느덧 세월이 흘러 평강이 결혼할 나이가 되었어요. 왕이 평강을 귀족에게 시집보내려 하자 평강이 말했어요.

"아버지는 늘 저를 바보 온달에게 시집보내겠다고 하셨지요. 그 말씀대로 저는 온달에게 시집가고자 합니다."

이 말에 화가 난 왕을 뒤로하고 평강은 궁궐을 나가 온달을 찾아갔어요. 그런데 소문과 달리 온달은 바보가 아니었어요. 성품이 하도 착해서 바보라고 불렸을 뿐이지요. 평강과 온달은 부부의 연을 맺었어요.

얼마 뒤, 평강은 온달이 글과 무예를 배우게 했어요. 그러자 놀랍게도 온달의 실력은 일취월장했어요. 사람들은 이 소문을 듣고 수군댔어요.

"온달이 바보가 아니었나 봐! 글과 무예 실력이 엄청나다더군."

드디어 온달은 왕에게도 인정받아 고구려의 장수가 되었답니다.

온달처럼 실력이 나날이 발전하는 것을 '일취월장'이라고 해요. 날 일(日), 나아갈 취(就), 달 월(月), 나아갈 장(將) 자를 쓰지요. 꾸준히 노력하여 발전해 가는 모습을 표현할 때 많이 사용한답니다.

노심초사

勞心焦思

마음을 쓰며 애를 태움

- **노심초사**: 勞 수고로울 **노** | 心 마음 **심** | 焦 그을릴 **초** | 思 생각 **사**
- (뜻) 몹시 마음을 쓰며 애를 태우다.
- (예문) 긴 가뭄에 농민들은 노심초사하며 비를 기다렸다.
- 반대되는 사자성어: 태연자약(泰然自若)
- (뜻) 마음이 어떤 충동을 받아도 흔들리지 않음.

옛날 어느 마을에 걱정이 아주 많은 노파가 살았어요. 이 노파에게는 우산을 파는 큰아들과 부채를 파는 작은아들이 있었지요.

비가 오는 날이면 노파는 작은아들 걱정으로 온종일 한숨을 내쉬었어요.

"아이고, 비가 오네. 작은아들이 부채를 하나도 못 팔았겠구나."

반대로 날씨가 좋은 날에는 큰아들 걱정으로 한숨을 쉬었어요.

"날이 맑으니 큰아들 우산이 하나도 안 팔리겠네."

날씨가 좋아도 걱정, 비가 와도 걱정, 노파는 걱정이 그칠 날이 없었어요.

그러던 어느 날, 이웃 사람이 노파에게 말했어요.

"날이면 날마다 그렇게 노심초사만 하지 말고 생각을 바꿔 보세요. 비가 오면 큰아들이 좋고, 날이 맑으면 작은아들이 좋잖아요."

이웃의 말에 노파는 큰 깨달음을 얻었어요. 그날부터 노파는 비가 와도 날이 화창해도 늘 기분이 좋았답니다.

이 이야기의 노파처럼 걱정과 우려 때문에 마음속으로 몹시 애를 태우는 것을 '노심초사'라고 해요. 수고로울 노(勞), 마음 심(心), 그을릴 초(焦), 생각 사(思) 자를 쓰며, 어떤 일을 걱정하느라 애태우는 모습을 일컬을 때 사용하지요.

동문서답 東問西答

물음과는 상관없는 엉뚱한 대답

- **동문서답**: 東 동녘 동 | 問 물을 문 | 西 서녘 서 | 答 대답할 답
  - (겉뜻) 동쪽에 대해 물었는데 서쪽에 대해 대답하다.
  - (속뜻) 물음과는 전혀 상관없는 엉뚱한 대답.
  - (예문) 내가 동문서답을 하는 바람에 친구들이 모두 큰 소리로 웃었다.

어느 마을에 귀가 어두운 할아버지가 살았어요. 할아버지는 귀가 잘 들리지 않아서 질문을 받으면 엉뚱한 대답을 하곤 했어요.

어느 날, 이웃집 사람이 할아버지에게 물었어요.

"할아버지, 아드님 혼사가 결정됐다면서요?"

"뭐? 혼자가 결정되다니, 그게 무슨 말이야? 내 아들은 결혼을 약속한 아가씨가 있다고."

"하하……, 그것참 잘됐네요. 그나저나 밥은 드셨어요?"

"예끼, 이 사람아! 젊은 사람이 낮과 밤도 구분하지 못하면 어떡해? 밤이 되려면 아직 한참 멀었잖아."

이웃집 사람은 할아버지 몰래 한숨을 내쉬었어요.

"어휴, 동문서답만 하시네."

동녘 동(東), 물을 문(問), 서녘 서(西), 대답할 답(答) 자를 쓰는 '동문서답'은 동쪽에 대해 물었는데 서쪽에 대해 대답한다는 뜻이에요. 물음과는 전혀 상관없는 엉뚱한 대답을 일컫는 사자성어랍니다. 이 사자성어는 먼 옛날 어려운 학문을 풀이하다가 스승과 제자가 서로 무슨 말을 하는지 이해하지 못한 데서 생겼다는 설이 있어요.

초지일관

初志一貫

처음에 세운 뜻을 끝까지 밀고 나감

- **초지일관**: 初 처음 **초** | 志 뜻 **지** | 一 하나 **일** | 貫 꿸 **관**

(뜻) 처음에 세운 뜻을 중간에 바꾸지 않고 끝까지 밀고 나감.
(예문) 목표를 이루기 위해서는 **초지일관** 열심히 애써야 한다.

비슷한 사자성어: 시종일관(始終一貫)
(뜻) 일을 할 때 처음부터 끝까지 한결같이 함.

"대한 독립 만세! 대한 독립 만세!"

우리나라가 일본의 식민 지배를 받고 있던 1919년 3월 1일, 유관순은 만세를 외치며 지나가는 시위대의 물결 속으로 뛰어들었어요. 열일곱 살 소녀 유관순의 가슴은 쿵쾅쿵쾅 뛰었어요.

'내 나라를 꼭 되찾아야 해!'

3·1 만세 운동에서 크게 감명받은 유관순은 독립을 위해 고향 천안에서도 만세 운동을 계획했어요. 사람들이 많이 모이는 아우내 장터에서 다 함께 '대한 독립 만세'를 외치려 했지요.

"자, 이 태극기를 받으십시오! 대한 독립 만세!"

유관순은 사람들에게 태극기를 나눠 주며 맨 앞에서 만세를 외쳤어요.

그러나 일본 군대가 이를 가만히 두고 볼 리 없었지요. 결국 유관순은 감옥으로 끌려가 날마다 모진 고문과 매질을 당했어요. 그렇지만 독립의 뜻을 조금도 굽히지 않았어요.

"내 나라의 독립을 위해 만세를 외친 것이 왜 죄가 되는가? 죄를 지은 것은 불법으로 남의 나라를 빼앗은 일본이다!"

유관순은 목숨을 잃기 전까지도 초지일관 독립을 향한 의지를 꺾지 않았답니다.

이처럼 처음에 세운 뜻을 끝까지 밀고 나가는 것을 '초지일관'이라고 해요. 처음 초(初), 뜻 지(志), 하나 일(一), 꿸 관(貫) 자를 쓰지요.

살신성인 殺身成仁

자기 몸을 희생하여 인을 이룸

- 살신성인 : 殺 죽일 **살** | 身 몸 **신** | 成 이룰 **성** | 仁 어질 **인**
- 뜻 자기 몸을 희생하여 인을 이루다.
- 예문 지하철 선로에 떨어진 아기를 어떤 대학생이 자기 몸을 던져 구해 내자 사람들은 그의 살신성인 정신에 모두 박수를 보냈다.

"왜군이 몰려온다!"

임진왜란이 터지자 조선 땅 곳곳이 전쟁터로 변했어요.

"이보게, 소식 들었는가? 이제 곧 우리 마을까지 왜군이 닥칠 거라던데……."

박 선비의 말에 김 선비가 발을 동동 굴렀어요.

"뭐? 그럼 우리도 당장 몸을 피해야 하지 않겠나?"

그러자 박 선비가 굳건한 표정으로 고개를 저었어요.

"난 의병이 되기로 했다네. 선비가 되어 자기 몸 하나 살리자고 도망이나 치면 되겠는가."

"자넨 죽는 게 무섭지도 않은가?"

"내 목숨을 바쳐서라도 왜군을 막아 내고 조선을 지키겠네. 그게 바로 살신성인의 자세 아니겠나."

'살신성인'은 『논어』에 나오는 말로, 자기 몸을 희생하여 인을 이룬다는 뜻이에요. 죽일 살(殺), 몸 신(身), 이룰 성(成), 어질 인(仁) 자를 쓰지요.

공자는 '인'을 효(孝), 충(忠), 지(智), 예(禮) 등을 두루 포괄하는 '완전한 덕'으로 봤으며, 유교의 근본이라 생각했어요. 그래서 자기 목숨을 바쳐서라도 인을 실천하는 사람을 참된 선비라고 여겼답니다.

조변석개 朝變夕改

계획이나 결정을 일관성 없이 자주 고침

- **조변석개**: 朝 아침 조 | 變 변할 변 | 夕 저녁 석 | 改 고칠 개
- (뜻) 아침저녁으로 뜯어고친다는 뜻으로, 계획이나 결정을 일관성 없이 자주 고침을 이르는 말.
- (예문) 왕의 마음이 조변석개하더니 결국 처음과 다른 결정을 내렸다.

"흠, 과거가 얼마 남지 않았군. 이제 공부를 시작해 볼까?"

김 선비가 책상에 앉으며 중얼거렸어요.

과거는 조선 시대에 관리를 뽑을 때 실시하던 시험으로, 수많은 지원자가 몰리는 어려운 시험이었지요.

김선비는 책 한 권을 펼쳤어요.

"우선 일주일 동안 『맹자』부터 정리해야겠어."

그런데 이튿날이 되자 김 선비는 마음이 달라졌어요.

"아니야. 일단 『논어』를 다시 정리해야겠다."

잠시 후, 김 선비가 중얼거렸어요.

"그냥 『대학』부터 먼저 볼까? 이게 제일 급한 것 같은데."

그대로 공부를 시작하는가 싶더니 김 선비는 다시 『맹자』를 펼쳐 들며 말했어요.

"역시 『맹자』를 먼저 봐야겠어."

이 모습을 지켜보던 아버지 김 대감은 한숨을 푹 내쉬었어요.

"저렇게 조변석개해서야 과거에 붙을 턱이 있나."

아니나 다를까, 김 선비는 과거에 낙방하고 말았답니다.

'조변석개'는 아침 조(朝), 변할 변(變), 저녁 석(夕), 고칠 개(改) 자를 쓰며, 아침저녁으로 뜯어고친다는 뜻이에요. 계획이나 결정을 시도 때도 없이 자주 고치는 경우에 쓰는 말이지요. 정부의 일관성 없는 정책이나 방침을 꼬집을 때 이 말을 사용하기도 해요.

노발대발

怒發大發

몹시 노하여 펄펄 뛰며 성을 냄

- **노발대발**: 怒 성낼 **노** | 發 필 **발** | 大 큰 **대** | 發 필 **발**
- (뜻) 몹시 화가 나 펄펄 뛰며 성을 내다.
- (예문) 어이없는 실수 탓에 경기에서 지자, 감독이 노발대발하며 선수들을 혼냈다.
- 비슷한 사자성어: 분기탱천(憤氣撑天)
- (뜻) 분한 마음이 하늘을 찌를 듯 격렬하게 북받쳐 오름.

먼 옛날, 하늘에 견우와 직녀가 살았어요. 목동인 견우는 소와 양을 길렀고, 옥황상제의 손녀인 직녀는 베를 짜며 살고 있었지요.

어느 날, 우연히 마주친 견우와 직녀는 서로 한눈에 반하고 말았어요.

"견우와 직녀 모두 성실하고 성품이 좋은 아이들이니, 좋은 짝이 될 것 같구나."

옥황상제는 두 사람의 혼인을 허락했어요.

그런데 두 사람은 신혼의 즐거움에 빠져 일을 점점 게을리했어요. 직녀가 베를 짜지 않자 옷감이 부족해졌고, 견우가 돌보지 않자 소와 양들이 시름시름 앓다가 죽어 갔지요.

이 사실을 알고 옥황상제는 노발대발하며 불호령을 내렸어요.

"견우와 직녀는 들으라! 너희가 게으름을 피운 탓에 하늘에 큰 혼란이 생겼다! 그 벌로 두 사람은 앞으로 떨어져 지내도록 하라!"

성낼 노(怒), 필 발(發), 큰 대(大), 필 발(發) 자를 쓰는 '노발대발'은 몹시 노하여 펄펄 뛰며 성을 내는 모습을 뜻해요. '성을 내다'라는 뜻의 '노발(怒發)'에 또 '크게 내다'라는 뜻의 '대발(大發)'을 붙여서 몹시 크게 화내는 모습을 강조한 말이랍니다.

그나저나 견우와 직녀는 어떻게 됐느냐고요?

두 사람은 은하수를 사이에 두고 멀리 떨어져 살면서 일 년에 단 하루, 칠석(음력 7월 7일)에만 만날 수 있게 되었답니다.

중구난방 衆口難防

막기 힘들 정도로 여러 사람이 마구 지껄임

- **중구난방**: 衆 무리 **중** | 口 입 **구** | 難 어려울 **난** | 防 막을 **방**
- (겉뜻) 많은 사람들의 말을 막기가 어렵다.
- (속뜻) 막기 힘들 정도로 여러 사람이 마구 지껄이는 것을 이르는 말.
- (예문) 아이들이 **중구난방**으로 떠드는 통에 선생님이 무슨 말을 하는지 하나도 들리지 않았다.

중국 주나라의 여왕은 포악하기로 악명이 높았어요. 자신을 비판하는 사람은 찾아내 죽이기까지 했어요.

"말 한마디 잘못하면 목숨이 날아가겠구나."

백성들은 벌벌 떨며 입을 꾹 다물었어요. 당연히 여왕을 헐뜯는 소문이 날 리가 없었지요.

"자, 보시오. 내가 나라를 잘 다스려 나라가 조용한 것이오."

여왕이 신하들 앞에서 큰소리를 치자 한 신하가 말했어요.

"백성의 입을 막는 것은 둑으로 물을 막는 것보다 더 어렵습니다. 물이 막히면 언젠가 둑이 무너집니다. 그렇게 되면 많은 목숨이 다칩니다. 백성의 입을 막는 것도 같은 이치입니다. 백성의 입을 막으면 나중에 큰 화를 겪을 것입니다."

그러나 여왕은 신하의 말을 들은 체도 하지 않았어요.

여왕이 계속 폭정을 이어 가자 백성들의 불만은 소리 없이 점점 쌓였어요. 마침내 백성들이 더는 참지 못할 지경에 이르렀지요.

"이제 더는 왕의 폭정에 입 다물고 있을 수만은 없다!"

결국 백성들이 들고일어나 여왕을 쫓아냈답니다.

이 이야기는 '중구난방'의 가장 대표적인 유래예요. 무리 중(衆), 입 구(口), 어려울 난(難), 막을 방(防) 자를 쓰는 중구난방은 본래 많은 사람들의 입을 막는 것은 어렵다는 뜻으로 쓰였어요. 그러나 요즘에는 뜻이 바뀌어 막기 어려울 정도로 여러 사람이 마구 지껄이는 상태를 표현할 때 사용하지요.

호시탐탐 虎視眈眈

남의 것을 빼앗기 위해 형세를 살피며 기회를 엿봄

- 호시탐탐: 虎 범 호 | 視 볼 시 | 眈 노려볼 탐 | 眈 노려볼 탐
- 겉뜻) 범이 눈을 부릅뜨고 먹이를 노려본다.
- 속뜻) 남의 것을 빼앗기 위해 상황을 살피며 가만히 기회를 엿보는 모습을 이르는 말.
- 예문) 상대 팀은 호시탐탐 우리 팀의 약점을 살폈다.

떡장수 진주댁은 인절미를 정리하다 말고 주위를 둘러보았어요. 왠지 누가 지켜보는 듯한 느낌이 들었지만 주변에 수상한 사람은 없었어요.

"착각인가? 거참 이상하네."

진주댁은 다시 콩고물을 가득 묻힌 인절미를 함지박에서 옆에 놓인 판으로 옮겼어요. 고소한 콩가루 냄새가 솔솔 풍겼지요.

"꿀꺽!"

그때였어요. 맞은편에서 군침을 삼키며 떡판만 뚫어져라 바라보는 아이들이 눈에 들어왔어요.

"예끼, 이 녀석들! 너희가 호시탐탐 떡을 노리고 있었구나!"

진주댁이 소리치자 아이들은 얼른 손을 가로저었어요.

"아니에요! 저희는 그저 콩고물이라도 떨어지나 보는 중이었어요."

"……그래? 내가 오해했구나. 미안하다."

진주댁은 사과하며 아이들에게 인절미를 나눠 주었답니다.

범 호(虎), 볼 시(視), 노려볼 탐(眈), 노려볼 탐(眈) 자를 쓰는 '호시탐탐'은 호랑이가 눈을 부릅뜨고 먹이를 노려본다는 뜻이에요. 남의 것을 빼앗으려고 상황을 살피며 가만히 기회를 엿보는 모습을 일컫는 사자성어이지요.

임기응변 臨機應變

상황에 맞추어 그 자리에서 당장 결정하거나 일을 처리함

- **임기응변**: 臨 임할 **임** | 機 때, 틀 **기** | 應 응할 **응** | 變 변할 **변**
- (뜻) 그때그때 사태에 맞추어 즉각적으로 결정하거나 일을 처리함.
- (예문) 미술 대회에서 물감이 다 떨어져 임기응변으로 크레파스로 그림을 그렸다.

어느 날, 어린 양 한 마리가 풀밭에서 풀을 뜯어 먹고 있었어요.
"어? 울타리 밖에 맛있는 풀이 더 많네?"
어린 양은 양치기 몰래 울타리 밖으로 나갔어요. 바로 그때, 커다란 늑대가 불쑥 나타났어요.
"흐흐흐, 너를 잡아먹으려고 기다리고 있었다!"
어린 양은 눈앞이 캄캄해졌어요. 그런데 그 순간, 어린 양의 머릿속에 좋은 생각이 하나 떠올랐어요.
"늑대님, 제 마지막 소원 한 가지만 들어주세요!"
"소원? 그래, 어디 한번 말해 봐라."
"죽기 전에 춤을 추고 싶은데, 피리를 불어 주시겠어요?"
"오냐. 마지막 소원이라니 들어주마."
늑대는 흔쾌히 피리를 불어 주었어요. 그러자 멀리서 양치기가 피리 소리를 듣고 급히 뛰어오는 게 아니겠어요?
"헉! 양치기다!"
'역시 내 예상이 맞았어! 피리 소리를 들으면 양치기가 여기로 올 줄 알았지.'
늑대는 부랴부랴 도망쳤고, 어린 양은 임기응변 덕분에 목숨을 구할 수 있었답니다.
이처럼 <u>어떤 일을 당했을 때 상황에 맞추어 즉각 그 자리에서 처리하는 것을 '임기응변'</u>이라고 해요. <u>임할 임(臨), 때 기(機), 응할 응(應), 변할 변(變) 자를 쓰며, 주로 예상치 못한 문제를 재치 있게 해결할 때 사용하지요.</u>

인면수심

人面獸心

마음이나 행동이 몹시 흉악함

- **인면수심**: 人 사람 인 | 面 낯 면 | 獸 짐승 수 | 心 마음 심
- (겉뜻) 사람의 얼굴을 하고 있지만 마음은 짐승과 같다.
- (속뜻) 마음이나 행동이 몹시 흉악함을 이르는 말.
- (예문) 사람을 저렇게 해치다니, 인면수심이 따로 없구나!

"이놈, 네 죄를 네가 알렸다!"

사또가 위엄 있는 목소리로 죄인에게 호통을 쳤어요.

관아에 끌려온 사람은 만복이라는 사내였어요. 만복이는 형편이 어려워 입을 줄이려고 늙은 어머니를 깊은 산속에 내다 버렸다는 의심을 받고 있었어요.

"사또, 억울합니다! 저는 그저 어머니가 산에 데려가 달라시기에 업고 갔을 뿐입니다."

"그럼 다시 모시고 내려왔어야지, 왜 산짐승이 득실거리는 산에 두고 온 것이냐!"

"그건 어머니가 거기에 내려놓으라 하셔서 어쩔 수 없이……."

"네 이놈! 사람의 얼굴을 하고 있으나 마음은 짐승과 같으니 인면수심이 따로 없구나! 이놈을 당장 옥에 가두어라!"

그렇게 자식의 도리를 저버린 만복이는 옥에 갇혔답니다.

'인면수심'은 사람의 도리를 지키지 않고 배은망덕하거나 행동이 흉악한 사람을 가리키는 말이에요. 사람 인(人), 낯 면(面), 짐승 수(獸), 마음 심(心) 자를 쓰며, 사람 얼굴을 하고 있지만 마음은 짐승과 같다는 뜻이지요.

인면수심은 본래 옛날 중국에서 흉노족을 일컫는 말이었어요. 흉노족은 마을을 자주 습격하고 먹을 것을 빼앗아 갔기 때문에 중국 사람들에게 큰 골칫거리였어요. 그래서 흉노족을 부정적으로 이르는 말로 '인면수심'이라는 표현을 썼답니다.

호가호위

狐假虎威

남의 권세를 빌려 위세를 부림

- 호가호위 : 狐 여우 호 | 假 빌릴, 거짓 가 | 虎 범 호 | 威 위엄 위
- (겉뜻) 여우가 호랑이의 위엄을 빌리다.
- (속뜻) 다른 사람의 권세를 빌려 위세를 부리다.
- (예문) 그 정치인은 대통령과 친한 사이라며 번번이 호가호위하는 버릇이 있다.

어느 날, 배고픈 호랑이가 여우 한 마리를 잡았어요. 그런데 여우는 겁을 내기는커녕 오히려 호랑이에게 호통을 쳤어요.

"네 이놈! 내가 누군지 알고 이러느냐? 난 하늘이 정해 준 동물의 왕이다. 만약 네가 나를 잡아먹는다면 하늘이 너에게 천벌을 내릴 거다."

호랑이가 어처구니없다는 표정으로 여우를 바라보았어요. 그러나 여우는 아랑곳 않고 말을 이었어요.

"정 믿지 못하겠다면 내 뒤를 따라와 보거라. 나를 보고 달아나지 않는 짐승이 없다는 걸 보여 주마."

"흠, 이렇게까지 당당하니 한번 따라가 보지."

호랑이는 여우 뒤에 바싹 붙어 여우를 따라갔어요. 그런데 이게 무슨 일일까요? 정말 여우와 마주치는 동물마다 걸음아 날 살려라 하고 달아나지 뭐예요!

'여우가 이렇게 무서운 동물이었단 말이야? 여우가 동물의 왕이라는 말이 사실이었구나!'

호랑이는 어리석게도 여우의 말을 진짜로 믿고 말았어요. 사실 동물들이 도망친 이유는 여우 뒤에서 따라오는 호랑이 때문이었는데 말이죠.

이 이야기에서 여우 호(狐), 빌릴 가(假), 범 호(虎), 위엄 위(威) 자를 쓰는 '호가호위'가 비롯되었어요. 여우가 호랑이의 위엄을 빌린다는 뜻으로, 남의 권세를 빌려 으스대는 사람을 비꼴 때 사용하는 말이랍니다.

마이동풍 　馬耳東風

남의 말을 귀담아듣지 않고 흘려버림

- **마이동풍**: 馬 말 **마** | 耳 귀 **이** | 東 동녘 **동** | 風 바람 **풍**
  - **겉뜻** 동풍이 말의 귀를 스쳐 가다.
  - **속뜻** 남의 말을 귀담아듣지 않고 흘려버림을 이르는 말.
  - **예문** 내가 아무리 충고해도 그는 마이동풍으로 흘려들었다.

중국 당나라 시인 이백의 이야기예요.

당나라 때는 학문에 종사하는 문인보다 장수인 무인을 더 받들었기 때문에 이백은 아무리 좋은 시를 지어도 왕에게 인정받지 못했어요.

"오랑캐와 싸워 작은 공이라도 세워야 왕에게 인정받을 수 있는 세상이라니, 참으로 씁쓸하구나."

이백은 답답한 현실에 마냥 한숨만 내쉬었어요.

그러던 어느 날, 이백은 처지가 비슷한 친구에게 시 한 편을 써 보냈어요.

제아무리 걸작을 쓴들 한 잔 물보다 값어치가 없구나
사람들이 이를 듣고 머리를 흔드는 것은
말의 귀에 동풍이 스치는 것과 같다

봄바람 같은 동풍이 살랑살랑 불어 봤자 말의 귀에는 별 느낌이 없는 것처럼, 아무리 훌륭한 시를 지어도 세상 사람들이 알아주지 않는다는 한탄이 담긴 시였지요.

바로 이 시에서 말 마(馬), 귀 이(耳), 동녘 동(東), 바람 풍(風) 자를 쓰는 '마이동풍'이 유래했어요. 남의 말을 귀담아듣지 않고 흘려버릴 때 쓰는 말이랍니다.

황당무계 荒唐無稽

말이나 행동 따위가 참되지 않고 터무니없음

- **황당무계**: 荒 거칠 **황** | 唐 황당할, 당나라 **당** | 無 없을 **무** | 稽 상고할 **계**
- **뜻** 허황되고 근거가 없다는 뜻으로, 말과 행동이 참되지 않고 터무니없음을 이르는 말.
- **예문** 그런 황당무계한 말을 믿는 거야?

- **비슷한 사자성어**: 허무맹랑(虛無孟浪)
- **뜻** 터무니없이 거짓되고 실속이 없음.

오늘은 나무꾼 박 씨가 동료 최 씨와 함께 나무를 베러 가기로 한 날이에요. 그런데 최 씨는 약속 시간이 한참 지나서야 헐레벌떡 나타났어요.

"자네, 왜 이렇게 늦었나?"

최 씨는 숨을 헐떡이며 늦은 이유를 설명했어요.

"글쎄, 아침에 길에서 금달걀을 발견했지 뭔가! 하도 신기해서 그 달걀을 쓰다듬었더니 그 안에서 금병아리가 나오는 거야. 그런데 금병아리가 날개를 탁탁 두 번 치더니 금닭이 되어 날아가더라고!"

"뭐라고?"

"그래서 그 닭을 쫓아가는데, 어디서 커다란 금솔개가 휘익 날아와 금닭을 덥석 물고 날아가 버렸다네. 그때 딱 정신을 차려 보니까 내가 십 리나 뛰어갔더라고. 그래서 먼 길을 다시 걸어오느라 이리 늦었다네."

이야기를 듣던 박 씨는 벌컥 화를 냈어요.

"예끼, 이 사람아! 그런 황당무계한 얘기를 믿으라고?"

'황당(荒唐)'은 말이나 행동이 참되지 않고 터무니없다는 뜻이고, '무계(無稽)'는 근거가 없다는 뜻이에요. 이 두 단어를 합친 '황당무계'는 허황되고 근거가 없다는 의미로, 말이나 행동이 터무니없고 믿을 수 없을 때 쓰는 사자성어랍니다.

3장 마음과 성격을 알려 주는 사자성어

인지상정 人之常情

사람이라면 누구나 지니는 보통의 마음

- **인지상정** : 人 사람 **인** | 之 어조사 **지** | 常 항상 **상** | 情 뜻 **정**
- 뜻) 사람이라면 누구나 지니는 보통의 마음을 이르는 말.
- 예문) 친구가 슬퍼하면 위로해 주는 게 **인지상정**이지.

옛날 어떤 마을에 가난한 짚신 장수가 살았어요. 어느 날, 짚신 장수는 커다란 잉어 한 마리를 잡은 낚시꾼을 만났어요. 잉어는 눈물을 뚝뚝 흘리고 있었지요.

'저런! 아무리 동물이라지만 저리 슬퍼하는 모습을 보니 차마 모른 척하기 어렵구나.'

짚신 장수는 짚신 판 돈을 모두 털어 잉어를 사고는 곧바로 강에 풀어 주었어요.

그런데 그날 밤, 신기한 일이 벌어졌어요.

꿈속에 한 청년이 나타나 짚신 장수를 용궁으로 데려가지 뭐예요. 용궁에 도착하니 용왕이 짚신 장수를 기다리고 있었지요.

"오늘 자네가 구해 준 잉어는 바로 내 딸이었다네. 딸을 구해 주어 정말 고맙구려."

"불쌍한 동물을 돕는 건 인지상정 아니겠습니까."

"이 은혜를 꼭 갚고자 하니 소원을 하나 말해 보시게. 이 세상 금은보화를 전부 달라고 해도 줄 수 있다네."

그렇게 인지상정을 베푼 덕분에 짚신 장수는 큰 복을 얻었답니다.

'인지상정'은 사람이라면 누구나 지니는 마음을 일컫는 말이에요. 사람 인(人), 어조사 지(之), 항상 상(常), 뜻 정(情) 자를 쓰지요. 힘든 사람이나 아픈 동물을 돕고 싶은 마음 모두 인지상정이랍니다.

자격지심 自激之心

자기가 한 일을 스스로 부족하게 여기는 마음

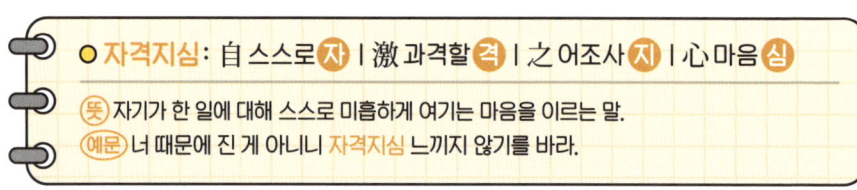

- **자격지심**: 自 스스로 **자** | 激 과격할 **격** | 之 어조사 **지** | 心 마음 **심**
- 뜻: 자기가 한 일에 대해 스스로 미흡하게 여기는 마음을 이르는 말.
- 예문: 너 때문에 진 게 아니니 **자격지심** 느끼지 않기를 바라.

어느 마을에 박 선비와 이 선비가 살았어요. 그중 박 선비는 글을 아주 잘 쓰기로 소문이 자자했어요.

"박 선비의 글은 조선 팔도에서 최고 명문이야!"

이 선비도 날마다 열심히 글을 썼지만 박 선비보다 좋은 평가를 받지 못했어요. 이 선비는 매일 자기 글과 박 선비의 글을 비교했어요.

"내 글은 박 선비 글에 견주면 하찮기만 하구나……."

이 선비는 박 선비가 부럽기만 했어요.

그러던 어느 날, 이 선비는 우연히 박 선비가 친구에게 말하는 소리를 듣게 됐어요.

"자네도 그 글 봤는가? 매일 글 연습을 하는데도 어쩌면 그렇게 실력이 늘지 않는지, 원."

'혹시 내 이야기를 하는 건가?'

이 선비는 화가 나서 박 선비에게 자기를 흉보느냐며 따졌어요. 당황한 박 선비가 손을 내저으며 말했어요.

"그럴 리가! 내 조카 이야기를 하고 있었다네."

"그, 그런가? 내가 오해했군. 미안하네."

그러자 박 선비가 따뜻한 목소리로 말했어요.

"자네는 스스로를 부족하다고 여기는 모양인데, 자격지심일랑 버리게나. 난 자네 글을 좋아한다네."

'자격지심'은 자기가 한 일을 스스로 부족하게 여기는 마음을 뜻해요. 스스로 자(自), 과격할 격(激), 어조사 지(之), 마음 심(心) 자를 쓰지요.

학수고대

鶴首苦待

학의 목처럼 목을 길게 빼고 간절히 기다림

● **학수고대** : 鶴 학 **학** | 首 머리 **수** | 苦 괴로울 **고** | 待 기다릴 **대**

(뜻) 학의 목처럼 목을 길게 빼고 간절히 기다리다.
(예문) 동생은 소풍을 학수고대했다.

옛날 삼국 시대에 백제에서 전해 내려오는 이야기예요.

백제에는 아사달이라는 실력 좋은 석공이 살았어요. 석공은 돌을 다듬어 물건을 만드는 사람이에요. 아사달에게는 사랑하는 부인 아사녀가 있었어요.

어느 날, 아사달은 석가탑을 만들러 신라로 가게 됐어요. 그런데 떠난 지 여러 해가 지나도록 아사달에게서는 아무 소식이 없었지요. 아사녀는 몹시 애가 탔어요.

"안 되겠다. 내가 신라에 가서 서방님을 만나야겠어!"

아사녀는 어렵사리 신라에 도착했어요. 그러나 불탑이 완성되기 전에 여인을 만나면 안 된다는 당시 관습 때문에 남편을 볼 수 없었지요. 슬퍼하는 아사녀를 가엾게 여긴 한 스님이 말했어요.

"근처에 연못이 하나 있소. 정성을 다해 기도하면 석탑이 완성됐을 때 탑의 그림자가 연못에 비칠 것이오. 그러면 그때 남편을 만날 수 있을 것이오."

아사녀는 남편을 만나기를 학수고대하며 연못 앞에서 하루도 거르지 않고 기도를 드렸어요. 그렇지만 아무리 기다려도 탑의 그림자는 비치지 않았어요. 기다림에 지친 아사녀는 그만 연못에 몸을 던지고 말았지요.

그러고 나서 얼마 뒤에 드디어 석가탑이 완성됐지만, 아사달은 영영 아사녀를 만날 수 없었답니다.

<u>학 학(鶴), 머리 수(首), 괴로울 고(苦), 기다릴 대(待) 자를 쓰는 '학수고대'는 학의 목처럼 목을 길게 빼고 간절히 기다린다는 뜻이에요. 애타게 기다리는 모습을 학의 목에 비유한 표현이지요.</u>

사리사욕 私利私慾

사사로운 이익과 욕심

● **사리사욕**: 私 사사로울 **사** | 利 이로울 **리** | 私 사사로울 **사** | 慾 욕심 **욕**

뜻 사사로운 이익과 욕심을 이르는 말.
예문 그 시장은 사리사욕만 채우려다 들켜서 자리에서 물러나게 되었다.

한 선비가 어떤 마을에 가려고 산을 넘고 있었어요. 밤이 깊어 자고 갈 만한 곳을 찾을 때, 멀리 초가집 한 채가 보였어요.

초가집에는 젊은 여인이 혼자 살고 있었어요. 여인은 선비에게 기꺼이 방을 내주었어요. 그런데 선비가 잠들 무렵, 밖에서 여인이 울며 기도하는 소리가 들렸어요.

"신령님, 제발 우리 아버지 묘를 되찾게 해 주세요."

이튿날 아침, 선비는 여인에게 무슨 사연인지 물어보았어요.

"얼마 전에 우리 마을 사또의 아버지가 돌아가셨습니다. 그런데 오래전 돌아가신 저희 아버지 묫자리가 명당 같다며 막무가내로 아버지의 시신을 파내고 그 묫자리를 빼앗아 버렸습니다."

"저런, 못된 사또 같으니라고!"

선비는 그길로 사또를 찾아가 큰 소리로 외쳤어요.

"암행어사 출두야! 이 마을 사또가 백성들을 괴롭힌다는 소문을 듣고 왔다!"

암행어사는 임금의 명령을 받아 지방 관리들을 살펴보러 다니는 높은 관리를 말해요. 사실 선비는 사또를 벌하기 위해 그 마을로 가다가 여인을 만난 것이었어요.

"사리사욕을 채우려고 남의 묫자리까지 빼앗다니, 결코 용서할 수 없다!"

'사리사욕'은 사사로운 이익과 욕심을 이르는 사자성어예요. 사사로울 사(私), 이로울 리(利), 사사로울 사(私), 욕심 욕(慾) 자를 쓰지요. 공적인 위치에 있는 사람이 자기 지위를 이용해 개인적인 욕심을 채우는 것을 뜻하는 말이랍니다.

반신반의 半信半疑

얼마쯤 믿으면서도 한편으로는 의심함

- 반신반의: 半 반 **반** | 信 믿을 **신** | 半 반 **반** | 疑 의심할 **의**
- 뜻) 얼마쯤 믿으면서도 한편으로는 의심하다.
- 예문) 내가 직접 만들었다고 아무리 말해도 아이들은 반신반의하는 표정을 지었다.

어느 마을에 거짓말쟁이 소년이 살았어요. 소년은 날이면 날마다 거짓말을 해서 마을 사람들을 놀라게 했어요.

"삼돌이네 집에 불이 났어요!"

소년의 외침에 사람들은 급히 삼돌이네 집으로 달려갔어요.

"하하하, 거짓말인데! 깜빡 속으셨죠?"

멀쩡한 삼돌이네 집을 보며 사람들은 분통을 터뜨렸어요.

"아이고, 또 거짓말에 속았구나! 이젠 저 녀석이 콩으로 메주를 쑨대도 절대 안 믿을 거야."

그런데 며칠 뒤, 소년의 집에 진짜로 불이 났어요. 소년은 곧장 장터로 달려가 사람들에게 외쳤어요.

"도와주세요! 저희 집에 불이 났어요!"

몇몇 사람은 이번에도 거짓말이 분명하다며 콧방귀를 뀌었어요. 그러자 소년은 눈물을 철철 흘리며 제발 도와 달라고 애원했지요.

"저렇게 우는 걸 보면 진짜 불이 난 거 아닐까요?"

마을 사람들이 반신반의하며 고개를 갸웃거렸어요. 그때, 한 남자가 말했어요.

"반신반의할 것 없어요! 저 녀석 거짓말이 하루 이틀 일인가요?"

남자의 말에 마을 사람들은 고개를 끄덕이며 소년의 애원을 무시한 채 뿔뿔이 흩어졌답니다.

'반신반의'는 완전히 안 믿는 것은 아니지만 확실히 믿지도 못하는 것을 일컫는 말이에요. 반 반(半), 믿을 신(信), 반 반(半), 의심할 의(疑) 자를 쓰며, 참인지 거짓인지 구분하기 어려운 경우에 사용하는 사자성어랍니다.

오매불망 寤寐不忘

자나 깨나 잊지 못함

- **오매불망**: 寤 깰 **오** | 寐 잠잘 **매** | 不 아닐 **불** | 忘 잊을 **망**
- (뜻) 깨어 있을 때도 잠들어 있을 때도 잊지 못함.
- (예문) 춘향이는 이몽룡과 이별한 뒤 오매불망 그리워했다.

어느 날, 김 선비는 저잣거리에 갔다가 우연히 홍 대감댁 막내딸 소화를 보았어요. 김 선비는 단아한 소화에게 한눈에 반하고 말았어요. 그날부터 김 선비는 하루 종일 소화를 떠올렸어요. 밤이 되면 소화 생각으로 잠을 이루지 못할 정도였지요.

보다 못한 김 선비의 친구가 말했어요.

"자네 얼굴에 근심이 가득하군. 그토록 그 여인이 그리우면 연서를 써 보는 게 어떻겠나?"

친구의 말을 듣고 김 선비는 책에서 읽은 시 구절을 옮겨 적어 소화에게 보냈어요.

아리따운 여인을 자나 깨나 찾네
구해 봐도 못 구하고 자나 깨나 생각하니, 막연하기도 하여라
이리저리 뒤척거리기만 하네

이 시는 중국의 고대 시집인 『시경』에 나와요. 바로 이 시에서 '오매불망'이라는 사자성어가 유래했지요. 깰 오(寤), 잠잘 매(寐), 아닐 불(不), 잊을 망(忘) 자를 쓰는 '오매불망'은 사랑하는 사람을 자나 깨나 잊지 못하는 마음을 비유하는 말이랍니다.

그나저나 오매불망 소화를 그리워한 김 선비는 소화를 만날 수 있었을까요?

전전긍긍

戰戰兢兢

몹시 두려워서 덜덜 떨며 조심함

- 전전긍긍 : 戰 두려워할, 싸울 | 戰 두려워할, 싸울 | 兢 삼갈 | 兢 삼갈
- 뜻 몹시 두려워서 덜덜 떨며 조심하다.
- 예문 나는 엄마에게 한 거짓말이 탄로 날까 봐 온종일 전전긍긍했다.

어느 마을에 늙은 어머니를 지극정성으로 모시는 총각이 살았어요. 마을 사람들은 총각의 효심을 입에 침이 마르도록 칭찬했어요.

"심청이도 울고 갈 효자라니까! 정말 기특해."

이 말에 어떤 사람이 목소리를 낮추어 말했어요.

"그런데 그 총각, 좀 특이한 구석이 있지 않아? 글쎄, 자기 몸을 아주 끔찍이 아끼더라고. 언제던가 낮에 손이 살짝 베였는데, 호들갑을 떨면서 의원을 찾아가더라니까."

"맞아, 조금이라도 위험한 일은 절대 안 한다더라고. 겁이 엄청 많은가 봐."

사람들은 총각을 칭찬하면서도 유별난 점이 있다며 수군댔어요.

세월이 흘러, 총각의 어머니가 세상을 떠났어요. 총각은 정성스레 장례를 치른 뒤 마을 사람들에게 큰절을 올렸어요.

"그동안 제가 전전긍긍하며 제 몸을 아낀 이유는 어머니께 걱정을 끼치지 않기 위해서였습니다. 이제 어머니가 돌아가셔서 전전긍긍하지 않아도 될 테니, 위험한 일이라도 언제든 불러 주십시오."

'전전긍긍'은 두려워할 전(戰), 삼갈 긍(兢) 자를 쓰며, 몹시 두려워하며 조심한다는 뜻이에요. 옛날에는 전전긍긍을 매사에 조심한다는 의미로 썼어요. 그러나 요즘에는 잘못을 저지른 사람이 자기 잘못이 알려지는 것을 두려워한다는 뜻으로 더 많이 사용된답니다.

막무가내 莫無可奈

달리 어찌할 수 없음

- **막무가내**: 莫 없을 **막** | 無 없을 **무** | 可 옳을 **가** | 奈 어찌 **내**
- (뜻) 달리 어찌할 방도가 없다.
- (예문) 동생은 장난감을 사 달라며 막무가내로 떼를 썼다.

중국 한나라에서 있었던 일이에요. 잦은 전쟁 탓에 백성들이 몹시 궁핍한 생활을 할 때였지요.

"전쟁 때문에 가축도 다 빼앗기고, 입에 풀칠하기조차 어려워."

"맞아. 나라가 백성에게 해 주는 것은 하나 없고 오히려 빼앗기만 하니……. 어차피 더 잃을 것도 없다! 들고일어나겠어!"

가난을 견디지 못한 백성들은 마침내 반란을 일으켰어요. 시간이 지날수록 반란군의 수가 점점 늘어나자 위기감을 느낀 왕은 군대를 보냈어요.

"당장 관군을 파견해 반란군을 모두 소탕하라!"

군사들은 험한 산천에 요새를 둔 반란군과 치열한 전투를 벌였어요. 그러나 얼마 지나지 않아 승세는 반란군 쪽으로 기울었지요.

"백만 군사가 와도 결코 우리를 이길 수 없을 것이다!"

반란군은 수가 엄청난 데다 기세가 대단해 관군의 피해는 갈수록 늘어만 갔어요. 도무지 더는 이길 방도가 보이지 않자 관군의 대장은 이렇게 말했어요.

"반란군은 험한 산에 요새를 쌓아 공격을 막아 내고 기세 또한 하늘을 찌를 듯하니, 어찌할 도리가 없구나."

없을 막(莫), 없을 무(無), 옳을 가(可), 어찌 내(奈) 자를 쓰는 '막무가내'는 위 이야기처럼 달리 어찌할 수 없는 경우를 의미해요. 요즘에는 본래 뜻보다 고집이 너무 세거나 무조건 자기주장만 내세운다는 의미로 더 많이 쓴답니다. "저 애는 너무 막무가내야." 이런 식으로요.

독불장군

獨不將軍

무슨 일이든 자기 생각대로 혼자서 처리하는 사람

- **독불장군**: 獨 홀로 **독** | 不 아닐 **불** | 將 장수 **장** | 軍 군사 **군**

겉뜻 혼자서는 장군이 될 수 없다.
속뜻 ①무슨 일이든 자기 생각대로 혼자서 처리하는 사람을 일컫는 말.
②다른 사람에게 따돌림을 받는 외로운 사람을 일컫는 말.
③남과 의논하고 협조해야 함을 이르는 말.
예문 그 사람은 독불장군이라 다른 의견을 말해 봐야 소용없다.

어느 전쟁터에서 수많은 군사를 거느린 장군이 언덕 너머를 바라보고 있었어요. 언덕을 넘으면 바로 적의 쉼터가 있어 기습하기 딱 좋아 보였지요.

"병사들에게 전투를 준비하라 일러라! 저 언덕만 넘으면 승리는 우리 것이다!"

장군이 명령하자 부하 한 명이 조심스레 나섰어요.

"장군, 병사들이 모두 지쳐 있습니다. 조금 쉬고 나서 공격하면 어떨지……."

"어허! 적들도 쉬고 있는 지금이 공격하기에 가장 좋은 때다."

그러자 다른 부하가 나서서 다시 장군을 말렸어요.

"내일이면 지원군이 올 테니 함께 공격하는 것이 어떻겠습니까?"

"그럴 필요 없다! 지금 병력만으로도 충분하다."

장군의 고집에 병사들은 하는 수 없이 전투를 준비했어요.

화살을 챙기던 한 병사가 몰래 한숨을 내쉬었어요.

"독불장군이라 했거늘……. 오늘 전투는 질 게 뻔하군."

결국 그날 전투에서 그 장군의 부대는 크게 지고 말았답니다.

홀로 독(獨), 아닐 불(不), 장수 장(將), 군사 군(軍) 자를 쓰는 '독불장군'은 혼자서는 장군이 될 수 없다는 뜻이에요. 다른 사람들과 협력하지 않으면 큰일을 이룰 수 없다는 의미로 협력의 중요성을 강조하는 말이었어요. 그런데 시간이 흐르면서 지금은 주로 다른 사람이 말은 전혀 듣지 않고 자기 멋대로 행동하는 사람을 비판할 때 독불장군이라고 한답니다.

혼비백산 魂飛魄散

몹시 놀라서 넋을 잃음

- 혼비백산 : 魂 넋 혼 | 飛 날 비 | 魄 넋 백 | 散 흩을 산
- 겉뜻 혼백이 어지러이 흩어지다.
- 속뜻 몹시 놀라 넋을 잃다.
- 예문 지진이 일어나자 사람들은 혼비백산이 되어 건물 밖으로 뛰쳐나왔다.

'혼비백산'이 무슨 뜻인지 아나요?

이 사자성어를 이해하려면 먼저 '혼백'을 알아야 해요. 혼이라니, 혹시 귀신 이야기일 것 같아 무섭다고요? 무서운 이야기는 아니니 안심하세요.

우리 조상들은 살아 있는 사람의 몸에는 혼백이 들어 있다고 생각했어요. '혼'은 정신을 다스리고 '백'은 육신을 다스리는 것으로, 혼백이 없으면 죽은 것과 마찬가지라고 여겼지요. 혼백은 '넋'이라고도 표현한답니다.

그런데 우리는 종종 넋을 잃을 만큼 큰일을 겪을 때가 있어요. 지진이나 산사태 같은 자연재해가 일어났을 때, 또는 공포 영화에서 갑자기 귀신이 튀어나오는 장면을 떠올려 보세요.

"산사태로 큰 바위들이 굴러떨어지자 사람들이 혼비백산하여 달아났다."

"산에서 야생 곰을 발견한 사람들은 혼비백산하여 그대로 줄행랑을 놓았다."

이럴 때 쓰는 말이 바로 '혼비백산'이에요. 넋 혼(魂), 날 비(飛), 넋 백(魄), 흩을 산(散) 자를 쓰며 혼백이 흩어져 나갈 만큼 몹시 놀랐다는 뜻이지요. 주로 갑작스러운 사고나 문제가 생겨 매우 두렵고 경황이 없는 상태를 표현하는 말이에요.

망연자실 茫然自失

멍하니 정신을 잃음

- **망연자실**: 茫 아득할 **망** | 然 그럴 **연** | 自 스스로 **자** | 失 잃을 **실**
- (뜻) 멍하니 정신을 잃다.
- (예문) 세뱃돈이 든 지갑을 잃어버려서 **망연자실**했다.

공자에게는 자공이라는 성실한 제자가 있었어요. 자공은 게으름을 피우지 않고 열심히 학문을 갈고닦았어요. 사람들은 자공의 성실함과 총명함을 칭찬했지요.

"자공, 자네 정도면 공자님과 깊은 대화도 나눌 수 있겠군."

"맞아, 그렇게 열심히 공부하니 말일세."

그러던 어느 날, 자공은 공자와 학문을 놓고 깊은 대화를 나누게 되었어요. 그런데 대화를 마친 자공은 넋이 나가 여러 날을 밥도 먹지 않고 잠도 자지 않은 채 깊은 생각에만 빠져 지냈어요.

이러한 자공의 소식은 마을 사람들 귀에까지 들어갔어요.

"자네, 자공 이야기 들었나? 글쎄 땔나무마냥 뼈가 앙상하게 드러날 정도로 야위었다더군. 도대체 왜 그렇게 됐대?"

"공자님에게 자신이 알고 있던 것을 뛰어넘는 전혀 새로운 가르침을 얻어서 그렇다고 하네. 모든 것을 다 깨우쳤다 여기고 있었는데, 그것을 뛰어넘는 지혜를 알게 되어 저토록 망연자실하는 거겠지."

아득할 망(茫), 그럴 연(然), 스스로 자(自), 잃을 실(失) 자를 쓰는 '망연자실'은 바로 이 이야기에서 나온 말이에요. 정신이 아득해져 멍하니 어쩔 줄 모르는 모습을 뜻하며, 주로 힘든 상황이 닥쳤을 때 어떻게 해야 할지 몰라 넋이 나간 모습을 표현할 때 쓰는 말이에요.

풍수지탄 風樹之嘆

효도를 다하지 못한 채 부모님을 여읜 자식의 슬픔

- **풍수지탄**: 風 바람 **풍** | 樹 나무 **수** | 之 어조사 **지** | 嘆 탄식할 **탄**
- (뜻) 효도를 다하지 못한 채 어버이를 여읜 자식의 슬픔을 이르는 말.
- (예문) 풍수지탄의 눈물을 흘리지 말고 부모님이 살아 계실 때 효도하자.

어느 날, 공자가 길을 가다가 슬피 울고 있는 사람을 보았어요. 그 사람의 이름은 고어였어요.

공자가 고어에게 물었어요.

"무엇이 슬퍼 그리 우십니까?"

그러자 고어가 대답했어요.

"저에게는 세 가지 한이 있습니다. 첫째는 공부한다고 집을 떠나 여기저기 떠돌아다니다가 고향에 돌아와 보니 부모님이 이미 돌아가신 것이고, 둘째는 저를 받아 줄 왕을 만나지 못한 것입니다. 그리고 셋째는 서로 속마음을 털어놓던 친구와 멀어진 것입니다."

고어는 눈물을 흘리며 말을 이었어요.

"나무는 고요히 있으려고 하지만 바람이 그치지 않고, 자식은 섬기려고 하지만 부모님은 기다려 주시지 않습니다. 돌아가시면 다시 볼 수 없는 것이 부모입니다."

이 말을 마치고 고어는 슬픔에 잠겨 그만 숨을 거두었다고 해요.

그 뒤로 사람들은 부모님이 돌아가셔서 효도를 다하지 못하게 된 자식의 슬픔을 가리켜 바람 풍(風), 나무 수(樹), 어조사 지(之), 탄식할 탄(嘆) 자를 써서 '풍수지탄'이라고 했어요.

백골난망 白骨難忘

큰 은혜를 입었을 때 고마워하는 뜻으로 하는 말

- 백골난망: 白 흰 백 | 骨 뼈 골 | 難 어려울 난 | 忘 잊을 망
- (겉뜻) 죽어서 백골이 되어도 잊을 수 없다.
- (속뜻) 남에게 큰 은덕을 입었을 때 고마움의 뜻으로 하는 말.
- (예문) 물에 빠진 우리 아들을 살려 주시다니, 이 은혜는 정말 백골난망입니다!
- 비슷한 사자성어: 각골난망(刻骨難忘)
- (뜻) 남에게 입은 은혜가 뼈에 새길 만큼 커서 잊히지 않음.

먼 옛날, 중국의 어느 시골에 한 농부가 살았어요. 농부에게는 소가 한 마리 있었는데, 언제나 그 소와 함께 밭을 갈면서 일했지요. 농부는 소를 가족처럼 여기며 아껴 주었어요. 외양간을 늘 깔끔하게 치워 주고 맛있고 영양가 풍부한 먹이를 주었지요. 소가 아프면 정성스럽게 간호해 주었고요.

그러던 어느 날, 한창 밭을 갈던 소가 갑자기 죽고 말았어요.

"가엾은 소야, 죽을 때까지 일만 하다가 떠났구나. 그동안 고마웠다, 흑흑흑……."

농부는 소를 끌어안고 한참을 울다가 양지바른 곳에 묻어 주었어요.

그런데 얼마 뒤, 소가 묻힌 땅이 아주 비옥해지고 그곳에 이름 모를 예쁜 꽃이 무더기로 피어났어요. 마을 사람들은 꽃을 보며 너도나도 입을 모아 말했어요.

"이 꽃은 얼마 전에 죽은 소가 피운 게 분명해."

"그러게. 죽어서도 제 주인에게 고마워하는 마음을 나타내는 거겠지. 이게 바로 백골난망이로구먼."

흰 백(白), 뼈 골(骨), 어려울 난(難), 잊을 망(忘) 자를 쓰는 '백골난망'은 바로 이 이야기에서 유래했어요. 죽어서 백골이 되어도 잊을 수 없다는 의미로, 남에게 큰 은혜를 입었을 때 고마움을 표현하는 말이지요. 다른 사람이 베푼 은혜를 잊지 않겠다고 다짐할 때 사용한답니다.

사람 사이의 관계를 나타내는 사자성어

수어지교 水魚之交

매우 친하여 떨어질 수 없는 사이

- **수어지교**: 水 물 수 | 魚 물고기 어 | 之 어조사 지 | 交 사귈 교
- (겉뜻) 물이 없으면 살 수 없는 물고기와 물의 관계.
- (속뜻) ① 아주 친밀하여 떨어질 수 없는 사이를 비유적으로 이르는 말.
  ② 임금과 신하 또는 부부의 친밀함을 이르는 말.
- (예문) 집안 형편이 어려울 때 아내와 나는 수어지교처럼 의지하며 지냈다.
- 비슷한 사자성어: 관포지교(管鮑之交)
  (뜻) 관중과 포숙처럼 우정이 아주 돈독한 관계.

『삼국지』에 나오는 이야기예요.

어지러운 천하를 바로잡으려 한 유비에게는 관우와 장비라는 충직한 부하가 있었어요. 세 사람은 의형제를 맺을 만큼 돈독한 사이였지요. 유비는 두 사람을 자기 목숨처럼 아꼈어요.

그러던 어느 날, 유비는 제갈량이라는 전략가를 새로 받아들였어요. 제갈량은 무엇보다 군사 전략을 짜는 데 뛰어났지요.

"제갈량, 자네 덕분에 요즘 적군이 맥을 못 추고 있다네."

"앞으로도 큰 힘이 되어 드리겠습니다."

유비는 총명한 제갈량을 무척 아껴 늘 곁에 두고 가깝게 지냈어요. 그러나 관우와 장비는 그 모습이 마음에 들지 않았어요.

"제갈량은 나이 어린 애송이에 불과한데 형님께서는 그를 너무 높이 평가하시는 것 같습니다."

두 사람이 불만을 나타내자 유비가 말했어요.

"내가 제갈량을 얻은 것은 물고기가 물을 얻은 것과 같다네. 그러니 이제 더는 불평하지 말아 주게."

유비가 제갈량을 얼마나 신뢰하는지 알게 된 관우와 장비는 그 후로 다시는 불평하지 않았다고 합니다.

'수어지교'는 바로 이 이야기에서 비롯되었어요. 물 수(水), 물고기 어(魚), 어조사 지(之), 사귈 교(交) 자를 쓰는 '수어지교'는 물을 떠나면 살 수 없는 물고기와 물의 관계를 뜻해요. 매우 친하여 떨어질 수 없는 사이를 비유하는 말이지요.

견원지간 犬猿之間

사이가 몹시 나쁜 관계

- **견원지간**: 犬 개 **견** | 猿 원숭이 **원** | 之 어조사 **지** | 間 사이 **간**
- (겉뜻) 개와 원숭이의 사이.
- (속뜻) 사이가 매우 나쁜 두 관계를 비유적으로 이르는 말.
- (예문) 로미오 집안과 줄리엣 집안은 오랫동안 견원지간이었다.

중국 장편 소설 『서유기』에 나오는 손오공을 알고 있나요?

손오공은 원숭이 부하들과 함께 여기저기에서 짓궂은 장난을 일삼으며 말썽을 부렸어요. 옥황상제는 그런 손오공을 지켜보고만 있을 수 없었어요.

"장수 이랑신은 지상으로 내려가 손오공을 잡아 오라!"

이랑신은 사나운 개들을 앞장세워 손오공을 공격했어요. 그러나 손오공의 원숭이 부하들이 뛰어난 무술 실력으로 개들의 공격을 막아 냈어요.

그리하여 이랑신의 개 군대와 손오공의 원숭이 군대 사이에 치열한 전투가 벌어졌어요. 양쪽 다 사나운 이빨을 드러내며 한 치도 물러서지 않고 싸웠지요.

그 모습을 보며 이랑신이 손오공에게 말했어요.

"막상막하로군. 이대로는 끝이 안 나겠어."

"그래, 맞아. 우리 둘이 직접 맞서 승부를 가르자!"

손오공은 온갖 신비한 요술을 부리며 이랑신과 싸웠어요. 그러나 끝내 이랑신에게 패하고 말았답니다.

그 뒤로 사람들은 개 군대와 원숭이 군대처럼 사이가 매우 나쁜 관계를 일컬어 개 견(犬), 원숭이 원(猿), 어조사 지(之), 사이 간(間) 자를 써서 '견원지간'이라고 표현했어요.

난형난제

> 難兄難弟

두 인물이나 사물이 서로 비슷하여 낫고 못함을 정하기 어려움

- **난형난제**: 難 어려울 **난** | 兄 형 **형** | 難 어려울 **난** | 弟 아우 **제**

(겉뜻) 누구를 형이라 하고 누구를 아우라 하기 어렵다.
(속뜻) 두 인물이나 사물이 서로 비슷하여 낫고 못함을 가리기 어렵다.
(예문) 결승전에 오른 두 팀의 실력이 난형난제다.

비슷한 사자성어: 막상막하(莫上莫下)
(뜻) 더 낫고 더 못함의 차이가 거의 없음.

아주 먼 옛날, 덕망 높고 현명한 진식이라는 사람이 살았어요. 진식에게는 진기와 진심이라는 두 아들이 있었지요. 두 아들은 각각 결혼하여 가정을 꾸리고 한데 모여 살았어요.

그러던 어느 날, 진기의 아들과 진심의 아들이 크게 말다툼을 벌였어요.

"우리 아버지가 학문이 높고 더 훌륭하셔!"

"아니야, 우리 아버지가 공적을 더 많이 세우셨어!"

아이들은 서로 자기 아버지가 더 훌륭하다며 다투다가 할아버지인 진식에게 물어보기로 했어요.

"할아버지, 누가 더 훌륭한 아들이에요?"

진식은 난처했어요.

'어이쿠, 큰일이로구나. 진기와 진심 모두 똑같이 사랑하고 둘 다 뛰어난 자식들인데, 어찌 누가 더 낫다고 할 수 있을꼬…….'

진식은 잠시 생각하다가 이렇게 대답했어요.

"나이만 따진다면 분명히 위와 아래가 있지만, 품성과 학문을 따지면 누구를 형이라 하고 누구를 아우라 하기 어렵구나."

진식의 이 말에서 '난형난제'가 유래했어요. 어려울 난(難), 형 형(兄), 어려울 난(難), 아우 제(弟) 자를 써서, 형이라 하기도 어렵고 아우라 하기도 어렵다는 뜻이에요. 두 인물이나 사물이 서로 비슷해서 우열을 가리기 힘들 때 쓰는 사자성어랍니다.

동고동락 同苦同樂

괴로움도 즐거움도 함께함

- 동고동락: 同 같을 **동** | 苦 괴로울 **고** | 同 같을 **동** | 樂 즐길 **락**
- 뜻) 괴로움도 즐거움도 함께하다.
- 예문) 두 사람은 같은 축구팀에서 몇 년 동안 동고동락한 사이이다.

오늘은 덕수 할아버지의 칠순 잔치가 열렸어요. 마을 사람들이 모두 찾아와 할아버지에게 축하의 말을 전했어요.

"영감님, 칠순을 축하드립니다. 칠순인데도 이렇게 정정하시다니, 대체 비결이 뭔가요?"

"허허, 고맙소. 내가 이렇게 살아올 수 있었던 건 기쁠 때나 슬플 때나 항상 곁에 있어 준 아내 덕분이라오."

할아버지는 옆에 앉은 할머니의 손을 잡으며 말을 이었어요.

"젊은 시절 지독한 가난에 죽 한 그릇 먹기 힘들었을 때도, 전쟁통에 정든 고향을 등져야 했을 때도, 첫아들이 돌도 안 되어 병으로 세상을 떠났을 때도 내 옆에 있어 준 사람이 바로 아내지. 아내가 없었다면 그 힘든 세월을 견디지 못했을 것이오."

할아버지 이야기를 듣던 할머니는 눈가가 촉촉해졌어요.

"영감도 참. 부부는 동고동락하는 사이 아닌가요? 즐거울 때도 괴로울 때도 당연히 함께해야지요."

할아버지와 할머니는 서로 바라보며 빙그레 웃었어요.

같을 동(同), 괴로울 고(苦), 같을 동(同), 즐길 락(樂) 자를 쓰는 '동고동락'은 고생도 기쁨도 함께한다는 뜻이에요. 어떤 상황에서도 괴로움과 즐거움을 함께 나누는 아주 친밀한 사이를 가리키는 말이지요.

청출어람 靑出於藍

제자나 후배가 스승이나 선배보다 나음

- 청출어람: 靑 푸를 **청** | 出 날 **출** | 於 어조사 **어** | 藍 쪽 **람**
- 겉뜻 쪽에서 뽑아낸 푸른 물감이 쪽보다 더 푸르다.
- 속뜻 제자나 후배가 스승이나 선배보다 나음을 비유하는 말.
- 예문 이 그림은 제가 아니라 제자가 그렸습니다. 청출어람이지요?

어느 마을에 사냥 솜씨가 뛰어난 사냥꾼과 그 제자가 살았어요. 그런데 사냥꾼은 금강산에 호랑이를 잡으러 갔다가 그만 호랑이에게 잡아먹히고 말았어요. 제자는 겨우 도망쳐 목숨을 건졌지요.

세월이 흐른 어느 날, 제자는 스승님을 죽인 호랑이에게 복수하기 위해 다시 금강산으로 떠나려고 했어요. 그러자 마을 사람들이 펄쩍 뛰며 말렸어요.

"안 된다! 네 스승은 십 리 밖에 걸어 놓은 바늘구멍도 정확하게 맞힐 만큼 실력이 좋은 사냥꾼이었어. 그런 사람도 이기지 못한 호랑이를 네가 어떻게 죽인단 말이냐."

"그럼 제가 스승님의 실력을 넘어서면 되겠네요."

제자는 수련을 거듭한 끝에 정말 스승을 뛰어넘는 사냥꾼이 됐어요. 백 리 밖 바늘구멍도 정확하게 맞히는 경지에 오르자 마을 사람들은 감탄했어요.

"스승보다 뛰어난 사냥꾼이 되다니, 청출어람이로다!"

그리하여 금강산으로 떠난 제자는 치열한 싸움 끝에 호랑이를 죽여 스승의 원수를 갚았답니다.

'청출어람'은 푸를 청(靑), 날 출(出), 어조사 어(於), 쪽 람(藍) 자를 쓰며, 쪽(천연 염색 재료로 쓰이는 식물)에서 뽑아낸 푸른 물감이 쪽보다 더 푸르다는 뜻이에요. 제자나 후배가 스승이나 선배보다 나을 때 사용하는 사자성어이지요.

죽마고우 竹馬故友

어릴 때부터 같이 놀며 자란 벗

> 우주한테 내 얘기 좀 좋게 해 주라~

> 알았어! 우린 죽마고우니까.

> 있잖아, 이슬이가 알고 보면 엄청 똑똑해.

> 그래?

> 어릴 때 이불에 오줌 싸고 혼날까 봐 강아지가 그랬다며 거짓말하고 그랬어.

> 그래….

> 살려 줘! 우린 죽마고우잖아!

> 죽마고우가 아니라 원수겠지!

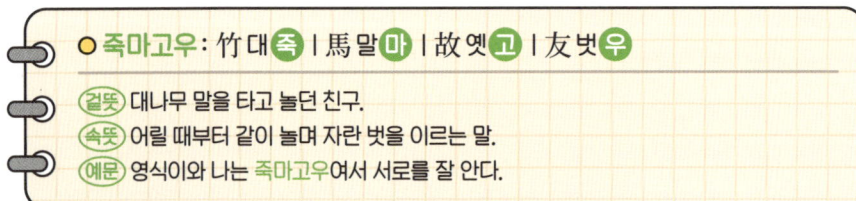

- 죽마고우 : 竹 대 **죽** | 馬 말 **마** | 故 옛 **고** | 友 벗 **우**

(겉뜻) 대나무 말을 타고 놀던 친구.
(속뜻) 어릴 때부터 같이 놀며 자란 벗을 이르는 말.
(예문) 영식이와 나는 죽마고우여서 서로를 잘 안다.

환온과 은호는 절친한 친구였어요. 환온은 부유하고 은호는 가난했지만, 어린 시절 두 사람은 함께 뛰어놀며 자랐지요.

세월이 흘러 환온은 높은 벼슬을 얻었어요. 환온의 세력이 자꾸만 커지자 왕은 환온을 견제할 사람이 필요하다고 생각했어요.

"은호라는 자가 성품이 온화하고 능력이 뛰어나다지? 그에게 높은 장군 자리를 주어 환온을 경계해야겠어."

그렇게 은호는 벼슬을 얻게 되었어요.

그런데 은호와 환온은 서로 정치적인 뜻이 달랐어요. 그래서 두 사람은 사사건건 갈등을 빚었고, 마침내 서로를 미워하게 됐지요.

그러던 어느 날, 은호가 군대를 이끌고 전투에 나갔다가 말에서 떨어지는 사고를 당했어요. 은호의 군대는 제대로 싸워 보지도 못한 채 적군에게 크게 지고 말았지요.

환온은 이때다 싶어 왕에게 은호를 귀양 보내야 한다는 상소를 올렸어요. 왕은 어쩔 수 없이 은호를 먼 곳으로 귀양 보내야 했어요.

그 뒤, 환온은 사람들에게 이렇게 말했다고 해요.

"은호와 나는 어릴 때 대나무 말을 타고 같이 놀던 죽마고우였소. 하지만 그는 내가 버린 말을 주워서 타곤 했지. 그러니 내가 그보다 위에 있는 게 당연하지 않겠소?"

대 죽(竹), 말 마(馬), 옛 고(故), 벗 우(友) 자를 쓰는 '죽마고우'라는 사자성어는 이렇게 탄생했어요. 대나무 말을 타고 놀던 친구라는 뜻으로, 어릴 때부터 함께 놀며 자란 벗을 이르는 말이시요. 그러나 사실 이 사자성어에는 친구를 매정하게 버린 사연이 숨어 있어요.

유유상종 類類相從

<u>같은 무리끼리 서로 사귐</u>

- 유유상종 : 類 무리 유 | 類 무리 유 | 相 서로 상 | 從 좇을 종

(뜻) 같은 무리끼리 서로 어울림.
(예문) 유유상종이라더니, 취미가 비슷한 녀석들끼리 모였다.

비슷한 속담 : 초록은 동색

어느 날, 중국 제나라의 왕이 신하 순우곤에게 명했어요.

"지방 곳곳에 흩어져 있는 인재들을 찾아오도록 하라."

순우곤은 곧장 인재들을 찾기 시작했어요.

며칠 뒤, 순우곤이 인재 일곱 명을 데리고 나타나자 왕은 깜짝 놀랐어요.

"귀한 인재를 한꺼번에 일곱 명이나 데려오다니! 대체 어떻게 된 일이냐?"

왕은 순우곤이 겨우 며칠 만에 이렇게 많은 인재를 데려온 것이 믿기지 않았어요.

"새는 같은 깃을 지닌 무리끼리 어울리고, 짐승도 같은 발굽을 지닌 무리끼리 어울립니다. 인재도 이와 마찬가지여서, 인재를 모으는 것은 강에서 물을 구하는 것과 같습니다."

인재들은 서로 어울려 지내기 때문에 한 명만 찾으면 여러 명을 데려오는 것은 어렵지 않다는 뜻이었어요. 왕은 그제야 크게 고개를 끄덕였어요.

이처럼 학식이나 성품이 비슷한 사람들끼리 모여 어울리는 것을 '유유상종'이라고 해요. 무리 유(類), 무리 유(類), 서로 상(相), 좇을 종(從) 자를 쓰지요. 요즘에는 행실이나 성품이 좋지 못한 사람들끼리 서로 어울리는 것을 비꼴 때도 이 말을 써요.

이심전심 以心傳心

마음과 마음으로 서로 뜻이 통함

- **이심전심**: 以 써 **이** | 心 마음 **심** | 傳 전할 **전** | 心 마음 **심**
- (뜻) 마음과 마음으로 서로 뜻이 통하다.
- (예문) 말을 하지 않아도 통하다니, 이심전심이라 기분이 좋다.

옛날 어느 마을에 의좋은 형제가 살았어요. 형과 아우는 콩 한 쪽도 나누어 먹을 만큼 서로를 무척 아꼈어요.

어느 해 가을, 추수를 끝낸 날 밤이었어요. 형은 자기 논에서 볏단을 덜어 아우 논의 볏단 위에 몰래 옮겨 놓았어요.

"아우는 이번에 색시를 맞았으니 쌀이 더 필요할 거야."

같은 시각, 동생도 형의 논에 자기 볏단을 올려놓고 있었어요.

"형님은 식구가 많으니 곡식이 더 필요하겠지?"

이튿날 아침, 형은 자기 논의 볏단을 보며 깜짝 놀랐어요.

"이상하네! 분명히 볏단을 동생에게 줬는데 왜 그대로지?"

이상해하기는 동생도 마찬가지였지요.

그날 밤, 형은 자기 볏단을 다시 아우 논에 가져다 놓았어요. 아우는 자기 볏단을 형의 논에 가져다 놓았고요.

다음 날 보니 볏단은 또 그대로였어요. 다음 날도, 그다음 날도 똑같은 일이 벌어졌지요.

보름달이 뜬 밤, 그날도 형은 볏단을 메고 아우네 논으로 향했어요. 그런데 멀리서 누가 볏단을 지고 오는 모습이 보였어요. 달빛 아래에서 형제는 드디어 서로의 얼굴을 확인했어요.

"형님!"

"아우야!"

서로를 생각하는 두 사람이 이심전심으로 통하는 순간이었어요.

'이심전심'은 써 이(以), 마음 심(心), 전할 전(傳), 마음 심(心) 자를 쓰며, 마음과 마음이 서로 통한다는 뜻이랍니다.

반포지효 反哺之孝

자식이 커서 어버이에게 은혜를 갚음

- **반포지효**: 反 돌이킬 **반** | 哺 먹을 **포** | 之 어조사 **지** | 孝 효도 **효**
- 뜻 까마귀 새끼가 자라서 늙은 어미에게 먹이를 물어다 주는 효라는 뜻으로, 자식이 커서 어버이에게 은혜를 갚는 것을 이르는 말.
- 예문 아버지는 반포지효의 마음으로 할머니께 정성을 다한다.

어느 날, 중국 진나라 왕이 이밀이라는 사람에게 높은 관직을 내렸어요. 그러나 이밀은 고마워하기는커녕 오히려 관직을 사양했어요.

이밀이 거절하자 왕은 크게 화를 냈어요.

"감히 왕이 내린 관직을 거절하다니! 내 명령을 따르지 않겠다는 것이냐?"

이밀은 고개를 깊이 숙이며 대답했어요.

"한낱 작은 짐승인 까마귀도 반포지효가 있습니다. 제게는 할머니가 한 분 계십니다. 할머니는 거동이 불편하셔서 제가 없으면 아무것도 못하십니다. 부디 할머니가 돌아가시는 날까지 모실 수 있게 해 주십시오."

까마귀는 새끼가 태어나면 몇 달 동안 먹이를 물어다 주며 정성을 다해 키운다고 해요. 그렇게 해서 새끼 까마귀가 어른이 되면 늙은 어미 까마귀에게 먹이를 물어다 주며 길러 준 은혜에 보답한다고 합니다.

그래서 까마귀를 '반포조'라고도 해요. 돌이킬 반(反), 먹을 포(哺) 자를 쓰는 '반포'는 도리어 먹여 준다는 뜻으로, 자식이 커서 부모를 부양하는 것을 가리키지요.

이처럼 '반포지효'는 늙은 어미 새를 부양하는 까마귀처럼 어른이 된 후에 부모님에게 은혜를 갚을 때 쓰는 표현이에요.

순망치한 脣亡齒寒

어느 한쪽이 망하면 다른 한쪽도 온전하기 어려움

- **순망치한**: 脣 입술 **순** | 亡 망할 **망** | 齒 이 **치** | 寒 찰 **한**
- (겉뜻) 입술이 없으면 이가 시리다.
- (속뜻) 서로 이해관계가 밀접한 사이에 어느 한쪽이 망하면 다른 한쪽도 그 영향을 받아 온전하기 어렵다는 말.
- (예문) 꽃과 꿀벌은 순망치한의 관계다.

영토 전쟁이 빈번했던 중국 춘추 시대의 일이에요.

진나라 왕은 괵나라 땅을 빼앗고 싶었어요. 그런데 괵나라를 치려면 먼저 우나라를 지나가야 했지요. 진나라 왕은 고민 끝에 우나라 왕에게 귀한 보물을 잔뜩 보내며 말했어요.

"우리는 괵나라를 공격하고자 합니다. 우나라에는 눈곱만큼도 해를 끼치지 않을 테니 괵나라로 가는 길만 조금 열어 주십시오."

보물을 보고 신이 난 우나라 왕은 당장 길을 열어 주라 명했어요. 그러자 한 신하가 왕을 말렸어요.

"폐하, 절대 길을 열어 주면 안 됩니다. 괵나라와 우나라는 한 몸처럼 이어져 있어 괵나라가 망하면 우리도 망할 것이옵니다. 입술이 없으면 이가 시리다는 옛말도 있지 않습니까. 괵나라와 우나라가 바로 그런 관계입니다."

그러나 왕은 보물에 눈이 멀어 끝내 길을 내주고 말았어요.

"이제 우나라는 곧 망할 것이다."

신하는 재앙이 닥칠 것을 예측하고 가족과 함께 우나라를 떠났어요. 그리고 과연 그 신하의 말대로 진나라는 괵나라를 점령하고 돌아가는 길에 우나라까지 정복해 버렸답니다.

우나라와 괵나라처럼 떼려야 뗄 수 없는 관계를 입술 순(脣), 망할 망(亡), 이 치(齒), 찰 한(寒) 자를 써서 '순망치한'이라고 해요. 입술이 없으면 이가 시리다는 뜻이지요. 서로 밀접한 사이에 어느 한쪽이 망하면 다른 한쪽도 그 영향을 받아 온전하기 어렵다는 의미로 쓰는 말이에요.

5장
알면 알수록 재미있는 사자성어

유언비어 流言蜚語

아무 근거 없이 널리 퍼진 소문

- 유언비어: 流 흐를 유 | 言 말씀 언 | 蜚 바퀴 비 | 語 말씀 어
- 뜻 아무 근거 없이 여기저기 퍼진 소문을 이르는 말.
- 예문 그 연예인은 유언비어 때문에 큰 피해를 입었다.

중종이 조선을 다스리던 시절의 이야기예요.

중종에게는 조광조라는 신하가 있었어요. 조광조는 바른말을 잘하는 충신으로, 나라의 잘못된 관행을 바로잡는 데 누구보다 앞장서곤 했지요.

중종은 조광조를 무척 아꼈어요. 그러나 왕이 총애할수록 조광조를 시기하는 사람들이 많아졌어요.

그러던 어느 날, 중종이 산책하다가 이상한 나뭇잎을 하나 발견했어요. 나뭇잎에는 벌레가 갉아 먹은 자국이 있었는데, 마치 글자처럼 보였어요.

신하 한 명이 나뭇잎을 살펴보더니 몹시 놀란 표정으로 외쳤어요.

"전하, 나뭇잎에 '주초위왕(走肖爲王)'이라는 글자가 새겨져 있사옵니다! '주(走)'와 '초(肖)'를 합하면 '조(趙)'가 되니, 조씨 성을 가진 자가 왕이 된다는 뜻 같사옵니다."

그러자 다른 신하가 이어서 말했어요.

"조씨 성이라면 조광조 아니겠습니까. 조광조가 역모를 꾀하나 봅니다. 그자에게 마땅히 엄벌을 내려야 합니다!"

사실 이는 조광조를 싫어하는 세력이 꾸민 일이었어요.

"전하, 그런 유언비어에 속지 마십시오. 저는 결코 역모를 꾸민 적이 없사옵니다."

조광조는 결백을 호소했지만, 끝내 진실을 밝히지 못한 채 사약을 받고 억울하게 목숨을 잃었어요.

이처럼 근거 없이 널리 퍼진 소문을 흐를 유(流), 말씀 언(言), 바퀴 비(蜚), 말씀 어(語) 자를 써서 '유언비어'라고 한답니다.

천고마비 天高馬肥

하늘이 높푸르고 먹을 것이 풍부한 가을철을 이르는 말

- 천고마비: 天 하늘 천 | 高 높을 고 | 馬 말 마 | 肥 살찔 비
- (겉뜻) 하늘이 높고 말이 살찐다.
- (속뜻) 하늘이 맑아 높푸르게 보이고 온갖 곡식이 익는 가을철을 이르는 말.
- (예문) 천고마비의 계절이라 그런지 입맛이 좋아진 느낌이야.

'천고마비'의 계절이 언제인지 아나요? 맞아요, 가을이에요.

'천고마비'는 하늘이 높고 말이 살찐다는 뜻이에요. 하늘 천(天), 높을 고(高), 말 마(馬), 살찔 비(肥) 자를 쓰며, 날씨도 좋고 먹을 것도 많은 평화로운 가을날을 이르는 말이지요.

그런데 이 말은 본래 흉노족의 침입을 경계하는 말이었어요.

"어떡하죠? 하늘이 부쩍 높아진 걸 보니 벌써 가을인가 봐요."

"말도 살이 많이 올랐네요. 곧 흉노족이 들이닥치겠어요."

아주 먼 옛날, 중국의 북쪽 변방에 사는 사람들은 가을이 오면 불안에 떨었어요. 가을만 되면 흉노족이 약탈하러 쳐들어왔기 때문이에요.

흉노족은 초원을 누비며 방목과 수렵 생활을 하는 민족이었어요. 이들은 농사를 짓지 않았기 때문에 가을이 되면 겨우내 먹을 식량을 구하려고 중국 땅에 침입해 농산물을 약탈하곤 했지요.

그래서 중국 북쪽 변방에 사는 사람들은 가을이 다가오면 "하늘은 높푸르고 말이 살찌는 때가 되니 언제 흉노족이 들이닥칠지 몰라 두렵구나!"라며 푸념하곤 했는데, 이것이 천고마비라는 말의 유래가 됐다고 합니다.

이처럼 '천고마비'는 가을에는 흉노족의 침입이 잦으니 조심해야 한다는 의미로 쓰였어요. 그러나 세월이 흐르면서 이러한 속뜻은 사라지고 글자의 의미만 남아, 지금은 아름답고 풍요로운 가을철을 가리킨답니다.

백해무익 百害無益

해롭기만 하고 하나도 이로운 바가 없음

- 백해무익 : 百 일백 **백** | 害 해로울 **해** | 無 없을 **무** | 益 더할 **익**

(뜻) 해롭기만 하고 하나도 이로운 바가 없다.
(예문) 사장의 백해무익한 결정으로 회사가 큰 손해를 보았다.

조선 시대 말, 허훈이라는 선비가 길을 가다가 어린아이 무리를 만났어요. 그런데 이게 무슨 일이래요? 아이들이 옹기종기 모여 앉아 담배를 피우고 있는 게 아니겠어요?

"아니, 어린 녀석들이 담배를 피우다니! 당장 끄거라!"

"왜요? 우리 아버지랑 할머니도 피우시는데요?"

허훈이 꾸중하자 아이들은 천진난만한 얼굴로 대답했어요.

사실 조선 시대에는 담배가 아주 인기가 높았어요. 담배가 처음 들어왔을 때는 '소화제로 쓸 수 있다'는 둥 '병든 사람에게 좋다'는 둥 별의별 터무니없는 소문까지 퍼졌어요. 나중에는 남녀노소 가리지 않고 담배를 피우게 되었지요.

그러나 시간이 흐르면서 문제가 생겼어요. 담뱃불 때문에 큰불이 나기도 하고, 담배를 오래 피운 사람들은 병에 걸리기도 했지요. 그러면서 담배가 해롭다는 인식이 사람들 사이에 차츰 퍼졌지만 여전히 많은 사람들이 담배를 피웠어요.

"담배가 얼마나 백해무익한데, 아이들마저 담배를 즐겨 피우다니……. 이대로 가만히 두고 볼 수만은 없어."

아이들이 흡연하는 모습을 보며 한탄하던 허훈은 담배의 백해무익함을 알리는 글을 전파하면서 아이들이 담배를 피우지 못하게 적극적인 금연 운동을 펼쳤답니다.

일백 백(百), 해로울 해(害), 없을 무(無), 더할 익(益) 자를 쓰는 '백해무익'은 해롭기만 하고 이로운 점이 하나도 없다는 뜻이에요.

점입가경 漸入佳境

들어갈수록 점점 재미가 있음

○ **점입가경** : 漸 차차 **점** | 入 들 **입** | 佳 아름다울 **가** | 境 지경 **경**

뜻① 들어갈수록 점점 재미가 있음.
예문 그 동굴은 안으로 들어갈수록 그 멋이 점입가경이었다.

뜻② 시간이 지날수록 하는 짓이나 몰골이 더욱 꼴불견임을 비유적으로 이르는 말.
예문 그들 사이의 경쟁이 점입가경으로 치닫자 사람들은 눈살을 찌푸렸다.

먼 옛날, 중국에 고개지라는 화가가 살았어요. 고개지는 천재라는 소리를 들을 만큼 재능이 뛰어난 화가였지요. 그런데 약간 독특하고 엉뚱한 구석이 있었다고 해요.

하루는 고개지가 친구들과 달콤한 사탕수수를 먹는데, 먹는 방법이 친구들과 사뭇 달랐어요. 그 모습을 보고 한 친구가 물었어요.

"고개지, 자네는 왜 사탕수수를 거꾸로 먹나? 뿌리 쪽부터 먹어야 맛있잖아."

사탕수수는 본래 뿌리 쪽에 가까울수록 단맛이 강해요. 그러나 고개지는 늘 가느다란 줄기 부분부터 씹어 먹었지요.

그 이유는 다음과 같았어요.

"갈수록 더 좋은 경치를 보고 싶은 것처럼, 갈수록 더 단맛을 느끼고 싶어서 그런다네."

이 이야기에서 '점입가경'이라는 사자성어가 유래했어요. 차차 점(漸), 들 입(入), 아름다울 가(佳), 지경 경(境) 자를 쓰는 '점입가경'은 어떤 일이나 모습이 시간이 지날수록 더욱 좋아지거나 재미있어지는 것을 뜻해요. 요즘에는 시간이 지날수록 하는 짓이나 모양새가 더욱 꼴불견일 때 비꼬는 말로도 쓴답니다.

전대미문 前代未聞

이제까지 들어 본 적이 없음

- **전대미문**: 前 앞 **전** | 代 대신할 **대** | 未 아닐 **미** | 聞 들을 **문**
- (뜻) 이제까지 들어 본 적이 없음을 이르는 말.
- (예문) 이번 대회에서 철수는 전대미문의 기록을 세웠다.

조선에 처음 사진기가 들어왔을 때 사람들은 깜짝 놀랐어요. 조선 사람들에게 사진기는 이제까지 듣도 보도 못한 희한한 물건이었기 때문이에요.

"자네, 그거 아나? 사진이라는 걸 찍으면 내 모습이 종이에 그대로 찍혀서 나온다는군."

"뭐? 내 모습이 그대로 찍혀 나온다고? 그것참, 전대미문의 일이로군!"

사람들은 이상한 상자 앞에 서 있기만 하면 자기 모습이 잘 그린 초상화보다도 더 똑같이 나온다는 게 신기하기도 하고 무섭기도 했어요. 그래서 이상한 소문까지 돌았지요.

"사진기에 찍히면 혼까지 홀랑 빠져나간대!"

"사진기가 담벼락을 비추면 담장이 무너진다던데?"

이는 사진기라는 전대미문의 물건을 보고 당시 사람들이 얼마나 놀랐는지를 보여 주는 재미있는 일화랍니다.

이처럼 이전까지는 전혀 들어 본 적 없는 일에 맞닥뜨릴 때 '전대미문'이라는 말을 사용해요. 앞 전(前), 대신할 대(代), 아닐 미(未), 들을 문(聞) 자를 쓴답니다. 주로 처음 겪는 일이나 놀라운 사건을 설명할 때 사용하는 말이지요.

풍비박산 風飛雹散

사방으로 날아 흩어짐

- **풍비박산**: 風 바람 **풍** | 飛 날 **비** | 雹 우박 **박** | 散 흩어질 **산**
- **겉뜻** 바람이 불어 우박이 이리저리 흩어지다.
- **속뜻** 사방으로 날아 흩어지다.
- **예문** 아빠가 사업에 실패해 우리 집은 풍비박산 나 버렸다.

어느 날, 김 대감의 집에 의금부가 들이닥쳤어요.

"죄인 김 대감을 포박하라!"

김 대감은 억울해하며 대꾸했어요.

"죄인이라니, 내가 무슨 죄라도 저질렀다는 말인가?"

"어제 박 대감 집에 간 사실을 알고 있다."

"작년에 담근 술이 잘 익었으니 함께 마시자 하여 갔는데, 그게 대체 무슨 잘못인가."

"시치미 떼지 말거라! 어제 박 대감 집에서 반역을 꾀한 사실을 모를 줄 알았느냐? 여봐라, 이 역적을 당장 끌고 가라!"

임금이나 나라를 배신한 사람을 역적이라고 해요. 역적으로 낙인이 찍히면 사형당하는 것은 물론이고, 가족들은 하루아침에 노비가 되어 비참하게 살아가야 했지요.

마을 사람들은 김 대감이 오랏줄에 묶여 끌려 나가는 모습을 보며 수군댔어요.

"아이고, 이게 어찌 된 일이람? 집안이 풍비박산이 났네그려."

'풍비박산'은 바람이 불어 우박이 이리저리 흩어지는 것처럼, 사방으로 날아 흩어지는 모습을 가리키는 말이에요. 바람 풍(風), 날 비(飛), 우박 박(雹), 흩어질 산(散) 자를 쓰지요. 주로 회사나 집안이 망했을 때, 또는 계획한 일이 물거품이 됐을 때 사용해요.

간혹 '풍지박산'이나 '풍비박살'이라고 잘못 쓰는 경우가 있으니 주의하세요.

사면초가

四面楚歌

아무에게도 도움을 받지 못하는 외롭고 곤란한 형편

- **사면초가**: 四 넉 **사** | 面 낯 **면** | 楚 초나라, 가시나무 **초** | 歌 노래 **가**
- **겉뜻** 사방에서 들려오는 초나라의 노래.
- **속뜻** 아무에게도 도움받지 못하는, 외롭고 곤란한 지경에 빠진 형편을 이르는 말.
- **예문** 영화에서 주인공이 사면초가에 빠졌을 때는 나까지 가슴이 답답해졌다.

중국 초나라 왕 항우의 이야기예요.

항우와 초나라군은 한나라군에게 포위되어 있었어요.

"폐하, 식량은 다 떨어져 가고 한나라군은 포위망을 점점 더 좁혀 오고 있습니다."

이런 최악의 상황에서도 항우와 초나라군은 고국을 위해 죽을힘을 다해 버텼어요.

그러던 어느 날 밤, 초나라군 진영을 겹겹이 둘러싼 한나라군 진영에서 난데없이 귀에 익은 노랫소리가 들려왔어요.

"앗! 이 노래는 우리 고향 노래잖아?"

몸과 마음이 지칠 대로 지친 초나라 병사들은 사방에서 들리는 고향 노래에 눈물을 흘렸어요.

"이제 더는 싸우고 싶지 않아. 집으로 돌아갈래!"

병사들은 눈물을 훔치며 하나둘 초나라군 진영을 벗어났어요.

사실 이것은 초나라 병사들이 전투를 포기하게 하려고 한나라가 꾸민 계략이었어요. 항복한 초나라 병사들에게 사방에서 초나라 노래를 부르라고 시킨 거예요.

그 사실을 모르는 항우는 떠나는 병사들을 보며 한탄했어요.

"초나라도 이제 끝이구나!"

'사면초가'는 이 이야기에서 나온 사자성어예요. 넉 사(四), 낯 면(面), 초나라 초(楚), 노래 가(歌) 자를 써서 사방이 온통 초나라의 노래라는 뜻이지요. 아무에게도 도움받지 못하는 외롭고 곤란한 처지를 나타내는 말이에요.

금의환향

錦衣還鄉

출세하여 고향에 돌아옴

- **금의환향**: 錦 비단 **금** | 衣 옷 **의** | 還 돌아올 **환** | 鄕 시골 **향**
- 겉뜻 비단옷을 입고 고향에 돌아오다.
- 속뜻 출세하여 고향에 돌아가거나 돌아옴을 비유적으로 이르는 말.
- 예문 아들이 금의환향하자 그의 어머니는 잔치를 열었다.

옛날 전라도 남원에 춘향이라는 아리따운 여인이 살았어요. 춘향이는 마을 도령 이몽룡과 혼인을 약속한 사이였어요.

어느 날, 이몽룡이 과거를 보러 한양으로 간 사이에 남원에 새로 사또가 부임했어요. 사또는 춘향이를 보고 한눈에 반해 추근댔지만 춘향이는 똑 부러지게 거부했지요.

"나에게는 혼인을 약속한 사람이 있소!"

"감히 내 말을 듣지 않다니, 춘향을 당장 옥에 가두어라!"

며칠 뒤, 이몽룡이 남원으로 돌아왔어요. 그런데 이몽룡의 행색이 초라하기 짝이 없었어요. 춘향이 어머니는 꾀죄죄한 이몽룡을 보고 땅을 치며 울었어요.

"아이고, 과거를 보러 간다더니 거지꼴이 돼서 돌아왔구먼. 이제 춘향이를 구할 길은 없겠구나!"

이튿날, 사또가 생일잔치를 벌였어요. 사또는 술에 잔뜩 취해 춘향이를 데려오라 명했어요. 그때였어요.

"암행어사 출두야!"

이몽룡이 큰 소리로 외치며 나타났어요. 사실 이몽룡은 장원 급제를 해 암행어사가 되어 고향에 돌아왔던 거예요. 이몽룡은 온갖 잘못을 저지른 사또를 벌한 뒤, 춘향이와 함께 행복하게 살았답니다.

이몽룡처럼 출세하여 고향에 돌아오는 것을 '금의환향'이라고 해요. 비단 금(錦), 옷 의(衣), 돌아올 환(還), 시골 향(鄕) 자를 쓰지요.

문전성시 〈門前成市〉

찾아오는 사람이 많아 집 앞이 시장처럼 북적댐

- 문전성시 : 門 문 **문** | 前 앞 **전** | 成 이룰 **성** | 市 시장 **시**
- 겉뜻) 문 앞이 시장을 이룸.
- 속뜻) 찾아오는 사람이 많아 집 문 앞이 시장을 이루다시피 함을 이르는 말.
- 예문) 새로 생긴 빵집이 날마다 사람들로 문전성시를 이룬다.

비슷한 사자성어: 인산인해(人山人海)
뜻) 사람이 산을 이루고 바다를 이루었다는 뜻으로, 사람이 많이 모인 상태를 이르는 말.

아주 먼 옛날, 중국에 어느 젊은 왕이 있었어요. 이 왕은 나랏일을 보살피는 데는 전혀 관심이 없었어요.

하루는 정승이라는 신하가 눈물을 흘리며 왕에게 부탁했어요.

"폐하, 부디 이 나라와 백성들을 굽어살펴 주시옵소서!"

그러나 왕은 정승의 말을 잔소리로 여기며 정승을 멀리했어요.

그러자 조창이라는 신하가 왕에게 속닥였어요. 조창은 충직한 정승을 없애고 왕의 신임을 차지하기 위해 호시탐탐 기회만 노리고 있던 간신배였지요.

"폐하! 요즘 정승의 집에 날마다 사람들이 찾아가 문전성시를 이룬다고 합니다. 정승이 무슨 일을 꾸미는 것이 분명합니다."

이 말에 왕은 즉시 정승을 불러들였어요.

"그대의 집에 많은 사람들이 모인다는 이야기를 들었다. 대체 무슨 계략을 꾸미는 거지?"

"신의 집에 많은 이들이 찾아오는 것은 사실이지만, 신의 마음은 물처럼 깨끗합니다. 계략 따위는 당치 않은 말씀이십니다."

그러나 왕은 정승의 말을 믿지 않고 그를 옥에 가둬 버렸어요.

문 문(門), 앞 전(前), 이룰 성(成), 시장 시(市) 자를 쓰는 '문전성시'는 찾아오는 사람이 많아 집 앞이 마치 시장을 이룬 것과 같다는 말이에요. 요즘엔 유명한 음식점이나 인기 있는 가게 앞에 손님들이 많이 몰리는 모습을 표현할 때 주로 쓰지요.

구사일생 九死一生

죽을 고비를 여러 차례 넘기고 겨우 살아남

- **구사일생**: 九 아홉 **구** | 死 죽을 **사** | 一 하나 **일** | 生 날 **생**
  - (겉뜻) 아홉 번 죽을 뻔하다 한 번 살아나다.
  - (속뜻) 죽을 고비를 여러 번 넘기고 겨우 살아나다.
  - (예문) 할아버지는 일제의 징용에 끌려갔다가 해방이 되어 구사일생으로 살아 돌아오셨다.
  - 비슷한 사자성어: 기사회생(起死回生)
    - (뜻) 거의 죽을 뻔하다가 도로 살아남.

마을 사람들이 삼삼오오 모여 김 서방 이야기를 하고 있었어요. 김 서방이 산에서 호랑이를 만났다가 간신히 살아 돌아왔다는 이야기였지요.

"어제 김 서방이 산에 나무하러 갔다가 집채만 한 호랑이를 만났다지 뭔가."

"어이쿠! 그래서?"

"꼼짝없이 죽었구나 했는데, 아 글쎄, 바로 옆 나무에 커다란 벌통 하나가 매달려 있는 게 딱 보이더래. 그래서 들고 있던 지게 작대기로 냅다 벌통을 쑤셔 버렸다더군."

마을 사람들은 침을 꿀꺽 삼키며 다음 이야기를 기다렸어요.

"그랬더니 벌이 한꺼번에 쏟아져 나와 김 서방과 호랑이에게 마구 달려들더래. 벌 때문에 호랑이는 혼이 쏙 빠져 달아나고, 김 서방은 벌을 피하려다 산비탈 아래로 굴러떨어졌대."

"아이고, 많이 다쳤겠네그려!"

"허허, 다행히 산비탈 아래에 건초 더미가 잔뜩 쌓여 있어서 크게 다치진 않았다고 하네."

"구사일생으로 살았구먼! 참말로 다행일세."

'구사일생'은 아홉 구(九), 죽을 사(死), 하나 일(一), 날 생(生) 자를 써서, 아홉 번 죽을 뻔하다 한 번 살아난다는 뜻이에요. 죽을 고비에서 간신히 살아난 것을 이르는 말이랍니다.

십중팔구

十中八九

열 가운데 여덟이나 아홉 정도로 거의 틀림이 없음

- **십중팔구**: 十 열 **십** | 中 가운데 **중** | 八 여덟 **팔** | 九 아홉 **구**
- (겉뜻) 열 가운데 여덟이나 아홉.
- (속뜻) 거의 대부분이거나 거의 틀림없다.
- (예문) 겨우 며칠 만에 살이 다 빠진다는 다이어트 광고는 십중팔구 과장 광고이다.

허 서방네 닭장에 며칠째 계속 도둑이 들었어요.

"아이고, 누가 또 내 닭을 훔쳐 갔네!"

씩씩대는 허 서방에게 아내도 화가 나서 말했어요.

"여보, 도대체 누가 자꾸 닭을 훔치는 걸까요?"

"십중팔구 이웃 마을 총각들이 분명해요. 그 녀석들이 남의 집 닭을 훔쳐서 잡아먹는다는 소문이 파다하더라고요."

허 서방이 주먹을 불끈 쥐며 말을 이었어요.

"오늘은 밤새 닭장 주변에 숨어 있다가 놈들이 나타나면 바로 잡아야겠어요!"

그날 밤, 보름달이 높게 떠올랐을 때였어요. 어두컴컴한 닭장 안에서 푸드덕거리는 소리가 들렸어요.

"지금이다! 닭 도둑 잡아라!"

허 서방이 닭장으로 냉큼 들어가자 닭들이 푸드덕대며 난리를 쳤어요. 그 사이로 닭 한 마리를 입에 문 채 눈치를 보고 있는 녀석이 눈에 들어왔지요. 바로 여우였어요.

"어이쿠, 닭 도둑이 여우였어? 십중팔구 이웃 마을 총각들인 줄 알았는데, 애꿎은 사람들을 의심했구먼……."

열 십(十), 가운데 중(中), 여덟 팔(八), 아홉 구(九) 자를 쓰는 '십중팔구'는 열 가운데 여덟이나 아홉이라는 뜻이에요. 어떤 것을 높은 확률로 확신하는 경우에 쓰는 말이지요.

오합지졸 烏合之卒

임시로 모여들어 무질서한 병졸이나 군중

- **오합지졸**: 烏 까마귀 **오** | 合 합할 **합** | 之 어조사 **지** | 卒 군사, 마칠 **졸**
  - (겉뜻) 까마귀의 무리.
  - (속뜻) 임시로 모여들어 규율이 없고 무질서한 병졸 또는 군중을 이르는 말.
  - (예문) 부랴부랴 축구단을 새로 만들었다더니 역시 오합지졸이었다.

중국 한나라의 장수 경엄이 반란을 일으킨 왕랑을 치러 군대를 이끌고 가던 길이었어요.

경엄을 따르던 병사들이 말했어요.

"왕랑이 정통 후계자라는 말을 들었습니다. 그 말이 사실이라면 우리도 그를 따라야 하지 않을까요?"

경엄은 매서운 눈빛으로 병사들을 바라보았어요.

"왕랑은 거짓말을 하고 있다. 간악한 왕랑을 이 손으로 꺾을 테다. 왕랑의 무리는 까마귀들이 질서 없이 모여 있는 오합지중과도 같으니, 그들은 결코 우리를 이길 수 없을 게야."

전투가 시작되자 왕랑의 군대는 단숨에 제압당했어요. 경엄의 말처럼 제대로 된 훈련을 받지 못한 사람들로 구성된 왕랑의 군대는 오합지중 그 자체였기 때문이지요.

'오합지중'은 까마귀 오(烏), 합할 합(合), 어조사 지(之), 무리 중(衆) 자를 써서 까마귀가 모인 것처럼 질서 없이 모인 무리라는 뜻이에요. 임시로 모여들어 규율이 없고 무질서한 병졸이나 군중을 가리키는 말이지요. 오늘날에는 무리 중(衆) 대신에 군사 졸(卒) 자를 써서 '오합지졸'이라고 많이 쓴답니다.

구우일모 九牛一毛

매우 많은 것 가운데 아주 적은 수

- **구우일모**: 九 아홉 **구** | 牛 소 **우** | 一 하나 **일** | 毛 털 **모**
- 겉뜻: 아홉 마리의 소 가운데 박힌 하나의 털.
- 속뜻: 매우 많은 것 가운데 극히 적은 수를 이르는 말.
- 예문: 이번 일은 그 사람이 베푼 선행 중에서 구우일모에 지나지 않아.

먼 옛날 중국 한나라에 사마천이라는 사람이 살았어요.

어느 날, 사마천은 반역자로 오해받은 어떤 장군을 변호하다가 왕의 미움을 사서 큰 벌을 받게 되었어요.

"반역자를 두둔하다니! 사마천을 당장 궁형에 처하라!"

궁형은 죄인의 생식기를 자르는 형벌이에요. 당시 선비들은 궁형을 치욕스럽게 여겨 차라리 죽음을 택하기도 했어요. 그러나 사마천은 죽음 대신 궁형을 받고 사는 쪽을 선택했지요.

사마천이 왜 이런 선택을 했는지는 그가 친구에게 보낸 편지를 보면 알 수 있어요.

"처음에는 나 스스로 목숨을 끊을까도 생각했다네. 나 하나 죽는 일쯤이야 소 아홉 마리 가운데 털 한 가닥 정도가 없어지는 것과 같으니 말이야. 그러나 이런 치욕을 참고도 계속 살아가는 쪽을 택한 이유는 반드시 해야 할 일이 있기 때문일세."

바로 이 말에서 '구우일모'가 유래했어요. 아홉 구(九), 소 우(牛), 하나 일(一), 털 모(毛) 자를 쓰며, 아홉 마리의 소 가운데 털 하나라는 뜻이에요. 매우 많은 것 가운데 극히 적은 수를 이르는 말이지요.

그런데 사마천이 이런 치욕을 견디면서까지 꼭 해야만 했던 일은 과연 무엇이었을까요?

바로 역사를 기록하라는 아버지의 유언을 따르는 일이었어요. 사마천은 아버지의 유언을 받들어 중국의 대표적인 역사서로 꼽히는 『사기』를 집필했답니다.

청천벽력 青天霹靂

뜻밖에 일어난 큰 사고나 사건

- ○ 청천벽력: 靑 푸를 청 | 天 하늘 천 | 霹 벼락 벽 | 靂 벼락 력

(겉뜻) 맑게 갠 하늘에서 치는 날벼락.
(속뜻) 뜻밖에 일어난 큰 사고나 사건을 비유하는 말.
(예문) 아버지는 청천벽력 같은 소식에 놀라 쓰러질 뻔했다.

(비슷한 속담: 마른하늘에 날벼락)

어느 가을날, 닭도 울기 전인 이른 새벽이었어요.

중국의 늙은 시인 육유는 갑자기 벌떡 일어나 책상 앞에 앉아서 붓을 들었어요. 육유는 병으로 오랫동안 자리에 누워 있었는데, 무슨 일인지 기세가 솟은 느낌을 받고 시를 쓴 거예요.

방옹이 병으로 가을을 지내고 글을 쓰니,
오래 움츠렸던 용과 같이 푸른 하늘에 벼락을 내려치네

여기서 '방옹'은 한쪽으로 밀려난 늙은이를 뜻하는데, 바로 육유 자신을 가리켜요. 육유는 자기가 쓴 글을 '푸른 하늘에 벼락이 치는 것처럼' 뛰어나다고 한 거예요. 여기서 푸를 청(靑), 하늘 천(天), 벼락 벽(霹), 벼락 력(靂) 자를 써서 '청천벽력'이라는 말이 나왔어요.

맑게 갠 하늘에서 갑자기 벼락이 떨어진다면 누구나 깜짝 놀랄 거예요. 육유는 병상에서 벌떡 일어날 만큼 좋은 글감이 떠오른 것이 마른하늘에 벼락이 치는 것만큼 매우 놀라웠던가 봐요.

이처럼 '청천벽력'은 갑자기 일어나는 놀라운 사건을 가리키는 말이었어요. 그런데 요즘에는 '생각지도 못했던 큰 충격을 주는 소식'이라는 부정적인 의미로 더 많이 쓴답니다.

산전수전

山戰水戰

세상의 온갖 고생과 어려운 일을 다 겪음

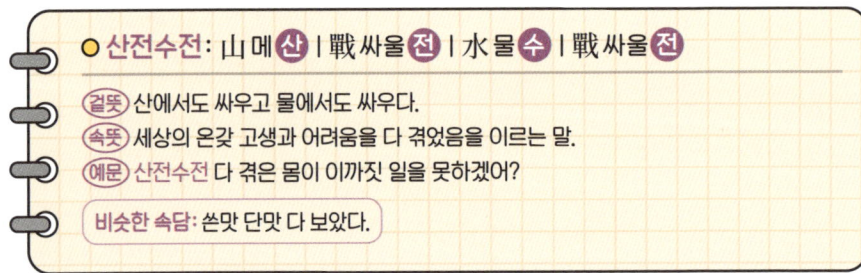

- 산전수전: 山 메 **산** | 戰 싸울 **전** | 水 물 **수** | 戰 싸울 **전**
- (겉뜻) 산에서도 싸우고 물에서도 싸우다.
- (속뜻) 세상의 온갖 고생과 어려움을 다 겪었음을 이르는 말.
- (예문) 산전수전 다 겪은 몸이 이까짓 일을 못하겠어?
- (비슷한 속담) 쓴맛 단맛 다 보았다.

어느 날, 김 서방과 박 서방이 주막에서 함께 밥을 먹다가 서로 옳고 그름을 따지며 다투었어요.

"아, 이 사람아! 전쟁은 뭐니 뭐니 해도 산에서 싸우는 산전이 제일 힘들다니까. 한겨울에 산등성이를 타 봤나? 숨은 턱까지 차오르지, 발은 눈에 푹푹 빠지지……. 어디 그뿐이야? 바위 뒤에서 언제 화살이 날아올지 모른다고."

김 서방의 말에 옆에서 듣고 있던 사람들이 고개를 끄덕였어요. 그러자 박 서방이 손사래를 치며 말했어요.

"그건 자네가 물에서 싸우는 수전을 겪어 보지 못해서 하는 소리야. 뱃멀미는 나지, 화살은 쏟아지지, 눈앞에 있는 배가 우리 편인지 적인지조차 분간하기 힘들다니까."

처음에 김 서방 말을 듣고 고개를 끄덕이던 사람들이 이번에는 박 서방의 말을 듣고 고개를 끄덕였어요.

그때, 어떤 노인이 조용히 끼어들었어요.

"말하는 도중에 미안하네. 산전수전 다 겪은 사람으로서 말하자면, 산전과 수전 모두 어렵고 힘들기는 마찬가지라네. 하지만 덕분에 많은 경험을 쌓아서 더는 무서울 게 없다오."

노인의 말에 김 서방과 박 서방은 더 옥신각신하지 않고 입을 다물었어요.

'산전수전'은 메 산(山), 싸울 전(戰), 물 수(水), 싸울 전(戰) 자를 써서 산에서도 싸우고 물에서도 싸웠다는 뜻이에요. 산전수전을 다 겪었다고 하면 세상의 온갖 고난을 다 겪었다는 의미랍니다.

찾아보기

ㄱ

견원지간 108
결자해지 26
고진감래 8
과유불급 30
구사일생 146
구우일모 152
금의환향 142
기고만장 44

ㄴ

난형난제 110
낭중지추 22
노마지지 38
노발대발 60
노심초사 50

ㄷ

독불장군 94
동고동락 112
동문서답 52

ㅁ

마부위침 40
마이동풍 72
막무가내 92
망연자실 98
문전성시 144

ㅂ

반신반의 86
반포지효 122
백골난망 102
백해무익 132

ㅅ

사리사욕 84
사면초가 140
사필귀정 28
산전수전 156
살신성인 56
선견지명 12
수어지교 106
수주대토 20
순망치한 124
십시일반 36
십중팔구 148

ㅇ

양두구육 46
오매불망 88
오합지졸 150
유비무환 10

유언비어 128
유유상종 118
이심전심 120
인면수심 68
인지상정 78
일벌백계 16
일취월장 48
임기응변 66

자격지심 80
자승자박 32
전대미문 136
전전긍긍 90
전화위복 18
점입가경 134
조변석개 58
죽마고우 116
중구난방 62
지피지기 14

천고마비 130
청천벽력 154
청출어람 114
초지일관 54

타산지석 24

풍비박산 138
풍수지탄 100

학수고대 82
호가호위 70
호사다마 34
호시탐탐 64
혼비백산 96
황당무계 74

참고 문헌

『EBS 초등 어맛! 사자성어 맛집』, 홍옥, EBS BOOKS, 2021
『고사성어랑 일촌 맺기』, 기획집단 MOIM, 서해문집, 2016
『스도쿠로 익히는 초등 필수 고사성어 100』, 이혜경·박수미, 메가스터디북스, 2021
『위풍당당 고사성어 자신만만 국어왕』, 남상욱, 상상의집, 2012
『이해력이 쑥쑥 교과서 고사성어·사자성어 100』, 김성준, 아주좋은날, 2015
『초등 선생님이 뽑은 남다른 고사성어』, 박수미·강민경, 다락원, 2013

참고 자료

국립국어원, 『표준국어대사전』
네이버, 「네이버 한자사전」

읽다 보면 문해력이 저절로
그래서 이런 사자성어가 생겼대요

초판 1쇄 발행 2025년 3월 1일
초판 3쇄 발행 2025년 11월 7일

글쓴이 우리누리 | **그린이** 송진욱

발행인 이종원 | **발행처** (주)길벗스쿨 | **출판사 등록일** 2025년 5월 28일
주소 서울시 마포구 월드컵로 10길 56(서교동) | **대표전화** 02)332-0931 | **팩스** 02)322-3895
홈페이지 school.gilbut.co.kr | **이메일** gilbut@gilbut.co.kr
기획 및 책임편집 배지하, 김진영 | **제작** 이준호, 손일순, 이진혁 | **마케팅** 양정길, 지하영, 김령희
영업유통 진창섭 | **영업관리** 정경화 | **독자지원** 윤정아
CTP출력 및 인쇄 상지사피앤비 | **제본** 상지사피앤비
디자인 양×호랭 DESIGN | **교정교열** 김미경

잘못 만든 책은 구입한 서점에서 바꿔 드립니다.
이 책은 저작권법에 따라 보호받는 저작물이므로 무단전재와 무단복제를 금합니다.
이 책의 전부 또는 일부를 이용하려면 반드시 사전에 저작권자와 (주)길벗스쿨의 서면 동의를 받아야 합니다.
인공 지능(AI) 기술 또는 시스템을 훈련하기 위해 이 책의 전체 내용은 물론 일부 문장도 사용하는 것을 금합니다.

ⓒ우리누리, 송진욱

ISBN 979-11-6406-862-3(73710) (길벗스쿨 도서번호 200433)

제품명 : 그래서 이런 사자성어가 생겼대요	주소 : 서울시 마포구 월드컵로 10길 56(서교동)
제조사명 : (주)길벗스쿨	전화번호 : 02-332-0931
제조국명 : 대한민국	제조년월 : 판권에 별도 표기
사용연령 : 8세 이상	KC마크는 이 제품이 공통안전기준에 적합하였음을 의미합니다.